NIKOLAS

Komm, lass uns zusammen lesen!

Geschichten zum Vorlesen, Mitlesen und Selbstlesen

Bibliografische Information der Deutschen Nationalbibliothek
Die Deutsche Nationalbibliothek verzeichnet diese Publikation in der
Deutschen Nationalbibliografie; detaillierte bibliografische Daten sind
im Internet über http://dnb.d-nb.de abrufbar.

Auflage 3   2   1 | 2012   2011   2010
Die letzten Zahlen bezeichnen jeweils die Auflage und das Jahr des letzten Druckes.

Dieses Werk folgt der neuesten Rechtschreibung und Zeichensetzung.
© Klett Lerntraining GmbH, Stuttgart 2010. Alle Rechte vorbehalten.
www.diekleinenlesedrachen.de
Teamleiterin Lernhilfen Grundschule: Susanne Schulz
Redaktion: Jette Maasch
Umschlaggestaltung und Innenlayout: Sabine Kaufmann, Stuttgart
Umschlagillustration und Haupttitel: Andrea Dölling, Augsburg
Leitfiguren Drachen: Thomas Thiemeyer, Stuttgart
Satz: TEBITRON GmbH, Gerlingen
Druck: Appl aprinta druck GmbH & Co. KG, Wemding
Printed in Germany
ISBN 978-3-12-949033-4

DIE KLEINEN LESEDRACHEN

Komm, lass uns zusammen lesen!

Geschichten zum Vorlesen, Mitlesen und Selbstlesen

ab 4 Jahren

Leseförderung in drei Schritten

Geschichten von Annette Neubauer, Claudia Ondracek, Sabine Rahn

Mitmach-Seiten von Frauke Nahrgang

mit Bildern von Angela Fischer-Bick, Pia Eisenbarth und Stefanie Klaßen

Klett Lerntraining

VORLESEN

Kapitel 1: Vorlesen

MITLESEN

SELBSTLESEN

Vorwort:
Leseförderung in drei Schritten

Vorlesen ist ein wichtiger Grundstein für die Bildung Ihres Kindes. Denn Vorlesen entscheidet, ob Kinder später selbst Lust an Büchern entwickeln oder nicht. Geschichten, die durch ausgewählte Themen den Alltag, die Wünsche und die Fantasie der Kinder aufgreifen, sind bei der Beschäftigung mit Büchern genauso wichtig wie eine ruhige, geschützte Atmosphäre. Machen Sie es sich mit Ihrem Kind gemütlich.

Die kleinen Lesedrachen unterstützen Sie dabei, Ihr Kind auf eine Reise in die geheimnisvolle Welt der Buchstaben zu entführen. Denn das vorliegende Konzept greift den Entwicklungstand von Kindern in dreifacher Weise auf:

Die Vorlesegeschichten vermitteln den kleinen Zuhörern ihre Umwelt auf eine noch nicht bekannte Art. Durch Gespräche über die Handlung und die beschriebenen Personen beginnen sie, komplexe Zusammenhänge besser zu verstehen. Hilfreich ist es, wenn der Vorleser Stimmen und Geräusche nachahmt. Wird beispielsweise das Quietschen einer Tür imitiert, steigt die Spannung. Dadurch werden die Kinder unwillkürlich intensiver in das Geschehen einbezogen und sie werden versuchen, die ungewohnten Töne nachzumachen.

Doch wie werden die kleinen Zuhörer selbst zu Lesern? Für viele Kinder ist der Schritt zum Selbstlesen nicht einfach. Mithilfe der kleinen Lesedrachen wird der Übergang sanft vorbereitet und begleitet. In den Geschichten zum **Mitlesen** werden einige Wörter durch

ansprechende Illustrationen ausgetauscht. So werden Kinder motiviert, spielerisch das gelesene Wort zu verfolgen und an den entsprechenden Stellen den Vorleser „abzulösen".

Der dritte Teil basiert auf den beiden vorangegangenen Schritten. Durch das **Selbstlesen** von gekennzeichneten, kurzen Textpassagen in größerer Schrift wird das Kind zum Lesen motiviert, ohne sofort auf die Nähe und Hilfe eines Erwachsenen verzichten zu müssen. Während des Lesens nimmt das Kind unterschiedliche Perspektiven ein und lernt intensiv fremde Gefühle kennen und nachzuvollziehen.

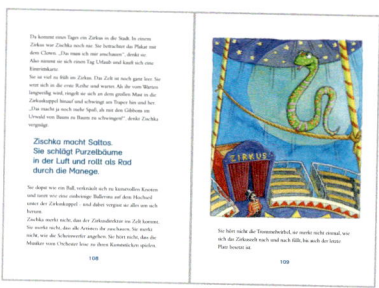

Die **Mitmach-Seiten** fördern die sprachliche Ausdrucksfähigkeit, das Textverständnis und die Kreativität der Kinder auf mehreren Ebenen. Durch Reime, Satzergänzungen,

Rezeptvorschläge und weiterführende Fragen vergrößert sich der Wortschatz Ihres Kindes auf spielerische Weise. Die abwechslungsreichen Übungen fordern darüber hinaus zur Aktivität auf. Denn mit allen Sinnen lernt es sich bekanntlich am besten!

Geben Sie Kindern genügend Freiraum, damit sie ihren eigenen Umgang mit Sprache entwickeln können. Dazu gehört auch, dass sich Kinder ihre Geschichten selbst auswählen können. Anhand der Illustrationen im Inhaltsverzeichnis können die zukünftigen Leser bestimmen, mit welchem Thema sie sich heute beschäftigen wollen.

Viel Spaß beim Vorlesen, Mitlesen und Selbstlesen wünscht
die Redaktion der kleinen Lesedrachen

Vorlesetipps

Nehmen Sie sich Zeit zum gemeinsamen Lesen.

Kinder mögen es, Geschichten mehrmals zu hören. Gehen Sie auf diesen Wunsch ein. Denn so lernt Ihr Kind bisher unbekannte Wörter kennen und im Alltag anzuwenden.

Wenn Ihr Kind eigene Gedanken zum Text entwickelt, unterbrechen Sie das Lesen, und lassen Sie seiner Fantasie freien Lauf.

Lesen Sie den Anfang einer Erzählung, und fragen Sie Ihr Kind, wie es weitergehen könnte.

Bringen Sie die Personen einer Geschichte zum Leben. Fordern Sie Ihr Kind beispielsweise auf, eine Figur oder ein Tier zu zeichnen. Malen Sie eine Sprechblase dazu. Überlegen Sie gemeinsam, was die Figur sagen könnte, und schreiben Sie es auf.

Erzählungen: Annette Neubauer
Mitmachseiten: Frauke Nahrgang

Seite 19

Seite 12

VORLESEN

Seite 26

Seite 33

Das tapfere Erdmännchen

„Ach, ist das Leben schön!", seufzt Erdmännchen Erwin und räkelt sich im warmen Sand. Dabei sieht er zu, wie seine Brüder und Schwestern Nahrung suchen oder mit ihren Pfoten neue Gänge graben. Die Eingänge zu den unterirdischen Höhlen werden von den Erdmännchen gut bewacht. Nähert sich eine Schlange, eine Wildkatze oder ein Greifvogel, schlüpfen die flinken Tiere unter die Erde und sind in Sicherheit.

Doch Erwin lässt lieber die anderen arbeiten.

„Was für ein herrliches Leben!", denkt er und reibt sich zufrieden über den behaarten Bauch.

„Was sollen wir nur mit Erwin machen?", fragt Eduard eines Tages seine Schwester Elvira. Sorgenvoll blickt er zu Erwin, der vor sich hin döst. „Wir können nicht ständig seine Aufgaben für ihn erledigen."

„Da hast du Recht", antwortet Elvira betrübt. Sie stellt sich auf die Zehen und stützt sich mit dem Schwanz ab. Mit ihren schwarzen Knopfaugen beobachtet sie, was in der Wüste geschieht. „Wache hat Erwin schon seit Wochen nicht mehr gehalten."

„Er wird immer träger. Ums Fressen kümmert er sich auch nicht", fährt Eduard kopfschüttelnd fort. „Ein Erdmännchen, das sich von anderen durchfüttern lässt, hat es noch nie gegeben."

„Also, ich bin völlig übermüdet." Elvira gähnt und lässt sich auf ihre Hinterbeine fallen. „Ich habe schon wieder die Nachtschicht für Erwin übernommen. Er wacht einfach nicht auf, wenn er mich ablösen soll. In den Morgenstunden habe ich kräftig an seinem Schwanz gezogen, aber er hat selig weitergeschnarcht."

„Mir geht es nicht anders." Eduard streicht sich nachdenklich mit der Pfote über die Schnauze.

„Die ständigen Doppelschichten machen mich fertig. Einen Tag und eine Nacht hintereinander aufzubleiben, ist auf Dauer zu viel für mich", stöhnt Elvira und wischt sich über die Augen.

„Wir bringen ihm nichts mehr zu fressen", schlägt Eduard vor. „Schlimm genug, dass er ständig schläft. Für seine Nahrung muss er ab heute selbst sorgen."

„Ob er überhaupt noch Käfer fangen kann?" Elvira wackelt zweifelnd mit den Ohren. „Er ist doch total aus der Übung."

„Dann soll er eben Wurzeln kauen", antwortet Eduard ungerührt. „Die laufen nicht vor ihm weg. Aber jetzt muss ich los. Vielleicht finde ich ein frisches Vogelei." Eduard dreht sich um und verschwindet.

„Hast du vielleicht einen saftigen Käfer?", ruft Erwin kurze Zeit später Elvira zu und streckt sich. „Mir knurrt der Magen."

„Fang dir selbst einen!", ruft Elvira zurück.

„Nur eine winzige Beere", bettelt Erwin. „Morgen bringe ich auch Beeren für dich und für alle anderen mit. Versprochen!"

„Von deinen Versprechungen halte ich nichts", antwortet Elvira. Dabei legt sie entschieden die Vorderpfoten übereinander. „Wenn du morgen Beeren suchen kannst, kannst du es auch schon heute."

Mühsam rappelt sich Erwin auf. Er hat völlig vergessen, wo Früchte wachsen. Ziellos trottet er über den heißen Wüstensand und schaut hinter Steine und Sträucher. Nirgendwo ist auch nur eine einzige Beere zu sehen. Erwin steckt träge seinen Kopf in einen hohlen Stamm. Vielleicht hat sich dort ein Insekt versteckt?

Da hinten krabbelt ein schwarzer Käfer. Aber Erwin ist
zu faul, um ihn zu fangen. Stattdessen schaut er zu, wie er
verschwindet. Ach, warum können ihm seine Verwandten
nicht weiter sein Fressen bringen? Das hat doch bisher
wunderbar geklappt! Lustlos und hungrig sucht Erwin weiter.

Doch plötzlich wird er hellwach. Ein schwarzer Schatten brei-
tet sich vor ihm aus. Regungslos hält Erwin den Atem
an. Dann schaut er sich suchend um und entdeckt
eine Katze auf einem Stein. Von dort beobachtet
sie den Eingang des Erdmännchenbaus.
Jetzt schleicht sich die Katze von
hinten an Elvira heran, die
vor lauter Erschöpfung
eingenickt ist.
Bedrohlich hebt sie ihre Tatze.
Erwin stockt das Herz. Was soll
er bloß tun? Doch er hat keine
Zeit, um lange zu überlegen.

Er rennt los.
Um die anderen zu warnen, pfeift er so laut er nur kann.
Verblüfft stellt die Katze die Ohren auf und sieht nach oben.
Fliegt ein Vogel am Himmel? Ohne zu zögern läuft Erwin
direkt auf Elvira zu, die vom Pfeifen aus dem Schlaf ge-
schreckt ist und jetzt hilflos die Katze anstarrt. Mit seiner

Schnauze stupst
Erwin seine
Schwester zum
Eingang des Baus.
Schnell schlüpfen
die beiden in den
unterirdischen Gang.
Puh! Das wäre geschafft.
Atemlos lässt sich Erwin auf

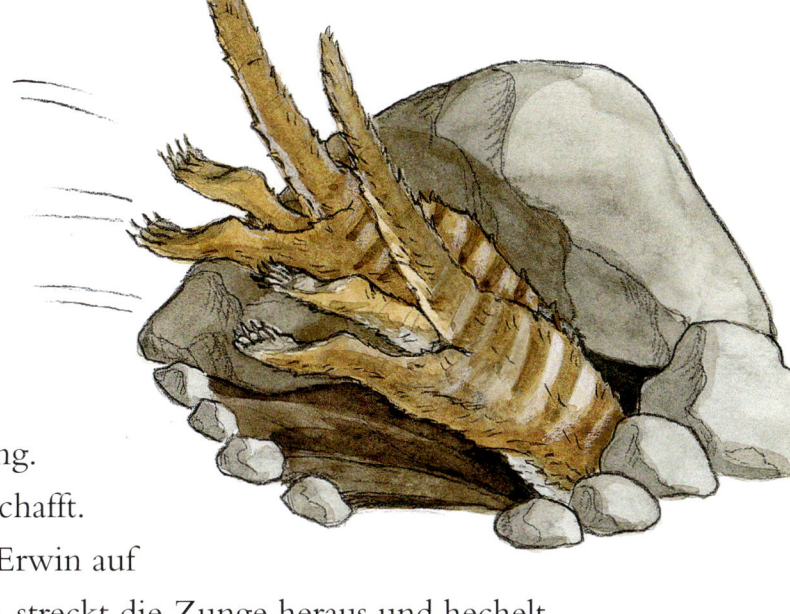

den Rücken fallen, streckt die Zunge heraus und hechelt.
„Das war sehr mutig von dir." Elvira fächelt ihrem Bruder
Luft zu. „Wenn du nicht aufgepasst hättest, dann ..."
„Wenn ich dich bei der Wache abgelöst hätte, wärest du
nicht vor lauter Müdigkeit eingeschlafen", unterbricht
Erwin seine Schwester liebevoll. „Stell dir vor, dich hätte
die Katze gepackt." Erwin fährt ein Schauer über das Fell.
„Das hätte ich mir nie verziehen."
Erleichtert wischt sich Erwin den Schweiß von der Stirn.
„Aber ab jetzt halte ich genau so Wache, wie ihr alle. Damit
niemand mehr vor Müdigkeit einschläft!"

Mitmach-
Seite

● Warum ist Elvira
so müde?

● Das passt gut! Die Erdmännchen heißen Erwin,
Eduard und Elvira. Finde passende Namen für
Familie Hase, Familie Maulwurf und Familie Dachs!

Zu welchen Familien könnten diese Namen gehören?

- Berti, Britta, Boris
- Karin, Kurt, Kevin
- Peter, Paula, Pit
- Rita, Rudi, Rolf

● Achtung, Elvira, Gefahr!
Warum rennt Elvira nicht weg?

● Warum sind die anderen
Erdmännchen sauer auf Erwin?

● Was denkt Erwin am Ende
der Geschichte?

○ Ich ruh mich aus, das find' ich fein.
Sollen die anderen fleißig sein.

○ Arbeit? Da schau' ich lieber zu.
Dann hab' ich nämlich meine Ruh'.

○ Mit der Faulheit ist jetzt Schluss,
weil ich den anderen helfen muss.

Karlas Wunsch

Karlas Zimmer ist voller Kaninchen. Sie sind groß und klein, aus Stoff und Holz. Einige sprechen, andere hüpfen und eines wackelt sogar mit den Ohren. Aber Karla will ein echtes Kaninchen. Es ist so ungerecht! Alle ihre Freunde haben ein Tier: Nina hat einen Wellensittich, Florian einen Hund und Sascha ein Meerschweinchen. Nur sie hat keins.
„Wir leben in einem Hochhaus", sagt Karlas Mama. „Und ohne Garten fühlt sich ein Kaninchen nicht wohl."
Karla versteht das nicht. Sie fühlt sich in ihrem Zimmer sehr wohl. Und dort ist noch genug Platz für 20 Kaninchen.
„Mit einem Kaninchen können wir nicht in den Urlaub fahren", meint Papa. Karla versteht auch das nicht. Ein Kaninchen passt doch prima in ein Auto, und in einem Hotel kann sie es im Koffer verstecken.

Heute geht Karla wütend ins Bett. Sie ist so sauer auf ihre Eltern und auf die ganze Welt, dass sie nicht einschlafen kann. Karla starrt mit offenen Augen an die Decke.

Dann dreht sie sich von einer Seite auf die andere. Schließlich steht sie auf und geht zum Fenster. Die Lichter der großen Stadt leuchten unter ihr. Obwohl es schon spät ist, sind viele Autos unterwegs, und die Werbung leuchtet bunt von den Hauswänden. Langsam hebt Karla den Kopf und schaut zu den funkelnden Sternen am Himmel. Da sieht sie einen hellen Streifen und ihr wird ganz warm.

„Eine Sternschnuppe! Ich darf mir etwas wünschen!", denkt sie aufgeregt, während sich der goldene Strahl auflöst. „Bitte! Ich will so gerne ein Kaninchen."

Am nächsten Morgen steht Karla ganz früh auf. Sie schleicht in die Küche und schaut unter den Tisch. Kein Kaninchen weit und breit! Aber irgendwo muss es sein. Karla ist ganz sicher!

„Ich brauche noch einen Namen", denkt Karla, macht die Besenkammer auf und steckt den Kopf hinein. „Schlappohr, Karotte, Kasimir ... Karlchen! Kaninchen Karlchen." Aber im Schrank ist nichts weiter als Putzmittel. Unruhig rennt Karla ins Wohnzimmer.

„Karlchen, wo bist du?", ruft sie. Weder unter den Sesseln noch hinter dem Sofa ist ein Kaninchen. Karla läuft in ihr Zimmer zurück, legt sich ins Bett und zieht sich die Decke über den Kopf. Wie gemein das ist! Bei anderen gehen Sternschnuppenwünsche immer in Erfüllung. Karla bleibt liegen und rührt sich nicht, bis Mama kommt.

„Guten Morgen, Karla!", ruft sie fröhlich.

Am Sonntag sind die Erwachsenen gut gelaunt, weil sie nicht zur Arbeit müssen. Lächelnd setzt sich Mama auf Karlas Bett.

„Opa hat angerufen. Wir fahren nach dem Frühstück zu ihm.
Freust du dich?"

Eigentlich fährt Karla gerne zu Opa. Aber heute hat sie keine
Lust.

„Nö!" Trotzig dreht sich Karla zur Wand.

„Bist du immer noch traurig, weil du kein Tier hast?", fragt
Mama und streichelt ihr über den Rücken.

„Nö", lügt Karla, ohne sich umzudrehen.

„Papa und ich warten in der Küche auf dich." Mama
schmunzelt und steht auf.

Karla denkt nicht daran, ihre warme Höhle zu verlassen.
Sie will für immer im Bett bleiben. Aber ihr Magen knurrt.
Also tapst Karla doch zu ihren Eltern und setzt sich zu ihnen
an den Tisch. Hungrig beißt sie in ein Honigbrötchen und
nimmt einen Schluck Kakao. Vielleicht war es doch nicht
verkehrt, aufzustehen!

Nach dem Frühstück fahren Mama, Papa und Karla aus der
Stadt hinaus aufs Land. Am Straßenrand glänzen die Felder im
Sonnenlicht. Als der Wagen vor einem Bauernhof hält, wartet
Opa vor der Tür und winkt ihnen zu. Karla springt aus dem
Auto und läuft ihm in die Arme.

Opa gibt Karla einen dicken Kuss. „Hallo, meine Süße!",
flüstert er ihr ins Ohr. „Ich habe eine Überraschung für dich."

„Was denn?", wispert Karla zurück.

Anstatt zu antworten, lächelt Opa und nimmt sie an die Hand.
Gemeinsam gehen sie in den Garten. Mama und Papa lassen sich
auf Liegestühle fallen, die unter einem alten Apfelbaum stehen.

„Wie schön es hier ist", meint Mama und blickt auf eine saftige Wiese mit bunten Blumen.

Karla bleibt stehen und tritt von einem Bein auf das andere.

Was hat Opa gemeint? Ob er einen Kuchen gebacken hat?

Gehen sie zusammen Erdbeeren pflücken? Oder hat Schweinchen Frieda ein Ferkel zur Welt gebracht?

„Komm mal mit." Opa zwinkert ihr zu. „Ich zeige dir etwas."

Die beiden schlendern zu einem Schuppen, der von Himbeersträuchern umgeben ist. Als Opa die Holztür öffnet, quietschen die Scharniere.

„Geh rein!", fordert er Karla auf.

Karla steckt ihren Kopf durch den Spalt.

Langsam geht sie einen Schritt in den Schuppen. Sie kann nicht glauben, was sie sieht. Bestimmt liegt sie noch in ihrem Bett und schläft. Gleich wird sie aufwachen und – peng! – ist der schöne Traum vorbei.

Karla kneift ihre Augen zusammen.

Doch als sie die Augen wieder öffnet, ist alles wie zuvor.
Vorsichtig geht Karla auf einen Stall zu, in dem ein weißes
Kaninchen mümmelt.
„Willst du es nicht anfassen?", fragt Opa, der neben ihr steht.
Da nimmt Karla das weiche Knäuel behutsam auf ihren Arm
und flüstert: „Guten Tag, Karlchen!"

Mitmach-Seite

Warum will Mama kein Kaninchen anschaffen?
Was ist bei Opa anders?

Karla hat schon viele Kaninchen in ihrem Zimmer.
Warum ist sie damit nicht zufrieden?

So etwas Verrücktes!

Karlchen, das kleine Kaninchen, ist sauer. Karlchen hätte so
gerne ein Menschenkind. Aber Mama Kaninchen ist dagegen.
Sie sagt: Wir wohnen ...

Wie geht diese Geschichte weiter?

Wie nennt Karla das Kaninchen? Und wie würden Mädchen
mit den Namen Paula oder Petra ihr Kaninchen nennen?

Was ist dein größter Wunsch?
Male ein Bild!

Wie viele Kaninchen hoppeln da?

- 1 Stummelschwänzchen, 2 Wackelohren – hops!
- 2 Stummelschwänzchen, 4 Wackelohren – hops, hops!
- 3 Stummelschwänzchen, 6 Wackelohren – hops, hops, hops!

Kannst du weiterzählen?

Der Schatz
der Bleichgesichter

Mit wildem Geschrei schnellen Starker Büffel, Kleiner Wolf
und Heller Mond aus dem Gebüsch hervor. In ihren Händen
halten sie Tomahawks und fuchteln damit vor Jim, dem Sheriff
der Bleichgesichter herum. Jim ist völlig überrumpelt und hat
keine Zeit mehr, seinen Colt zu ziehen. „Ich komme wieder!",
ruft er, dreht sich um und flieht.

Die Indianer brechen in Freudengeschrei aus. Dann setzen sie
sich mit überkreuzten Beinen im Kreis auf den Boden, um
einen Kriegsrat abzuhalten. In ihrer Mitte steht eine Kiste.
Darin liegt ein Sheriffstern. Den haben sie dem Anführer der
Bleichgesichter vor langer Zeit abgejagt. Natürlich will Jim
den Sheriffstern wiederhaben. Deshalb verfolgt er die Indianer
auf Schritt und Tritt.

„Das nächste Mal wird Jim mit Verstärkung
wiederkommen", sagt Starker Büffel ernst.
„Du denkst an Ronny, seinen Bruder",
überlegt Heller Mond und rückt sein
Stirnband mit der Rabenfeder zurecht.
Starker Büffel nickt. „Wir müssen den
Sheriffstern verstecken."

„Wir vergraben ihn an der Biegung des Baches", schlägt
Kleiner Wolf vor und nimmt die Kiste unter den Arm. Laut-
los schleichen die drei durch das Gebüsch und erreichen
einen Waldrand. Kleiner Wolf und Heller Mond pirschen vor.
Starker Büffel verschwindet als Letzter zwischen den Bäumen.
Plötzlich knackt es hinter ihm. Starker Büffel dreht sich um.
Ob die Bleichgesichter ihnen auf den Fersen sind? Er legt
das Ohr auf den Boden und lauscht. Doch er hört nur das
„tock, tock, tock" eines Spechts und richtet sich wieder auf.
Um besser spähen zu können, hält er die Hand über die
Augen. Kleiner Wolf und Heller Mond sind bereits nicht
mehr zu sehen.
Plötzlich hört Starker Büffel Schritte. Im nächsten Moment
stürzt sich Jim von hinten auf ihn und reißt ihm seinen
Büffelzahn vom Lederband. Dann verschwindet er wieder
im Dickicht.

Starker Büffel ist sauer. Ein Überfall aus dem Hinterhalt!
Wütend läuft er weiter zum Bach. Dort graben Kleiner Wolf
und Heller Mond bereits mit ihren Tomahawks ein Loch.

„Der Sheriff der Bleichgesichter hat uns beleidigt", beginnt
Starker Büffel. „Mein Büffelzahn wurde hinterhältig
gestohlen." Während er redet, schielt er zur Buche hinüber.
Blitzt da nicht Jims roter Pullover auf? Und hinter der Tanne
ist ein Stückchen einer Hose zu sehen. Starker Büffel flüstert
Kleinem Wolf und Hellem Mond etwas zu, bevor die drei
weitergraben. Als das Loch tief genug ist, nimmt Starker Büffel
die Kiste und hebt sie hoch in die Luft. Doch sie gleitet ihm
aus den Händen, fällt auf den Boden und springt auf. Zornig
bückt sich Starker Büffel, um den Deckel zu schließen. Dann
hält er die Kiste wieder über den Kopf.
„Begraben wir den Schatz der feigen Bleichgesichter!" Mit
diesen Worten legt Starker Büffel die Kiste in die Mulde und
schüttet sie mit Erde zu. Die Indianer tanzen um ihre Beute,
bis sie außer Atem sind und sich auf den Boden fallen lassen.

„Ich muss nach Hause", keucht Heller Mond. „Meine Mama macht sonst Ärger."

„Und ich muss noch Hausaufgaben machen", ruft Kleiner Wolf.

„Alleine bleibe ich auch nicht hier", sagt Starker Büffel laut. Die Indianer stehen auf und ziehen los. Kaum sind sie außer Sichtweite, stürzen Jim und Ronny hinter den Bäumen hervor.

„Wir müssen die Kiste wieder ausgraben", sagt Jim und kniet sich hin. Zusammen mit Ronny wühlt er in der Erde. Bald stoßen sie auf etwas Hartes.

„Hier ist die Kiste", sagt Jim zufrieden.

„Schnell, mach sie auf", antwortet Ronny und grinst.

Langsam öffnet Jim den Deckel. Dann wird er blass. „Leer!", ruft er entsetzt.

„Zeig mal!", meint Ronny. Doch bevor er hineinschauen kann, stürmen Starker Büffel, Heller Mond und Kleiner Wolf aus ihren Verstecken.

„Sucht ihr Bleichgesichter das hier?", fragt Starker Büffel und zieht den Sheriffstern aus seiner Hosentasche.

„Warum liegt der nicht in der Kiste?", fragt Ronny.

„Weil ihr Bleichgesichter blind wie Maulwürfe seid", erklärt Starker Büffel. „Sonst hättet ihr gesehen, wie ich den Sheriff-stern versteckt habe."

Lässig nimmt Jim den Büffelzahn aus seiner Weste. „Lasst uns Frieden schließen und unsere Schätze tauschen."

„How", antwortet Heller Mond, geht zu einem hohlen Baumstamm und kommt mit einer Tüte Lakritze zurück. Schnell setzen sich alle in einen Kreis. Die Süßigkeiten wandern von einem zum anderen.

„Den Stern aus der Kiste zu nehmen war echt schlau von dir", meint Jim schmatzend.

„Wie du mir meinen Büffelzahn abgenommen hast, war auch nicht ohne", gibt Starker Büffel zu.

„Kommt doch heute Abend bei uns vorbei. Wir grillen Maiskolben", schlägt Ronny vor, als die Lakritze aufgegessen ist.

„So sei es", sagt Starker Büffel und grinst. „Aber ich rate euch: Passt gut auf eure Colts auf."

„Und ihr dürft eure Federn nicht aus den Augen lassen", antwortet Jim lachend.

Dann erheben sich die Cowboys und Indianer, um vorerst zu ihrer Ranch und ihren Wigwams zurückzukehren.

Mitmach-Seite

Welchen Indianernamen würdest du für dich aussuchen?

Ein Indianer und ein Cowboy Arm in Arm? Wie kam es dazu?

Große Indianer rauchen zur Versöhnung die Friedenspfeife. Die Indianerbande hat etwas Besseres. Weißt du, was?

Was ist da wohl in der Kiste?

Indianernamen klingen toll. Wie heißen die Kinder in der Geschichte?

Verstehst du manche Wörter nicht? Dann höre genau zu:

- Ein Wigwam ist ein großes Zelt, von Indianern aufgestellt.
- Der Sheriffstern zeigt, wer das ist: im Wilden Westen ein Polizist.
- Die Axt in des Indianers Hand ist als Tomahawk bekannt.
- Grüßt du freundlich mal mit „How!", verstehen Indianer dich genau.
- Auf der Ranch da sieht man sie, Cowboys zusammen mit dem Vieh.

Was ist in dieser Kiste?

Zwei Pinguine
auf großer Fahrt

Zwei Pinguine stehen am Ufer und blicken aufs Meer. Hohe Eisberge ragen aus dem Wasser. Die Sonne glitzert auf dem Schnee.

„Ich will hier weg", durchbricht Peter die Stille.

„Warum?", fragt Paul erstaunt und watschelt von einem Fuß auf den anderen.

„Ich will berühmt werden", erklärt Peter. „Und das geht hier nicht."

„Weshalb nicht?", will Paul nun wissen.

„Weil es in der Antarktis keine Menschen gibt", erklärt Peter geduldig weiter.

„Aha!", meint Paul nachdenklich. „Und wo leben Menschen?"

„Überall auf der Welt." Peter schaut sehnsüchtig in die unendliche Weite vor ihnen. „Nur nicht hier."

„Ich will auch berühmt werden", sagt Paul entschieden und wedelt mit den Flossen.

Die beiden springen kopfüber ins Meer und schwimmen viele, viele Stunden lang.

Endlich stecken sie ihre Köpfe aus dem Wasser.

„Da vorne ist ein Schiff."

33

Peters Knopfaugen leuchten.

„Wo ein Schiff ist, sind Menschen."

„Prima!", freut sich Paul. „Dann werden wir bald berühmt."

So geschieht es, dass Peter und Paul die Rettungsleiter eines Dampfers hinaufsteigen, was für Pinguine nicht leicht ist. Sie klettern über die Reling und stehen zwischen zwei Liegestühlen. Darauf räkeln sich ein Mann und eine Frau in der Sonne.

„Huch!", ruft die Frau, nimmt ihre Brille ab und blinzelt. „Wir haben blinde Passagiere an Bord!"

„Tatsächlich." Der Mann verliert vor Aufregung seinen Strohhut. „Das müssen wir dem Personal melden."
Wenig später eilt der Kapitän aufs Deck. „Habt ihr ein Ticket?", fragt er die Pinguine streng. Peter und Paul schütteln traurig die Köpfe.

„Dann müsst ihr arbeiten", befiehlt der Kapitän.

Entschlossen schnappt sich Peter einen Eimer und schüttet Wasser aufs Deck. „Also, los! Hier muss gründlich geputzt werden."

Kurz darauf gleiten die beiden Pinguine mit ihren weißen Bäuchen über den Boden. Die zwei schlittern hin und her, kreuz und quer. Zum Schluss wischen sie mit ihren Flossen den Schmutz aus den Ecken. Als es bereits dämmert und das Deck menschenleer ist, eilt der Kapitän wieder herbei. Zufrieden betrachtet er seinen Dampfer.

„Blitzblank! Alle Achtung! Euch kann man brauchen." Er pfeift leise durch die Zähne. „Ihr habt genug gearbeitet. Legt euch schlafen."

Müde watscheln Peter und Paul ins Schiffsinnere und laufen einen schmalen Gang entlang. Die Passagiere, die am Nachmittag in Bikinis und Badehosen in der Sonne lagen, treten nun in langen Kleidern und schwarzen Anzügen aus ihren Kabinen.

„Warum sehen die Menschen abends so schön aus?" Paul staunt mit offenem Schnabel.

„Ob sie auch alle berühmt werden wollen?", wundert sich Peter. „So wie wir?"

Neugierig watscheln die Pinguine den Frauen und Männern hinterher. Bald stehen sie in einem großen Saal mit einer Bühne. Die Zuschauer nehmen Platz und tuscheln leise auf ihren Stühlen. Endlich geht der Vorhang auf. Das Murmeln verstummt. Ein Mann mit einem schwarzen Frack und einem weißen Hemd steht im hellen Scheinwerferlicht.

„Der sieht fast so aus wie wir", stellt Paul zufrieden fest.

Jetzt ertönt Musik. Der Mann singt, macht kleine, schnelle Sprünge und wirft die Arme in die Luft. Dabei klackert er mit den Absätzen im Takt der Musik.

„Das ist toll!", meint Paul und wippt mit dem Fuß.

„Das will ich auch machen", flüstert Peter.

Die Pinguine watscheln so schnell sie können an den verblüfften Zuschauern vorbei und steigen die Treppenstufen zur Bühne hoch. Der Tänzer erstarrt. Die Musik geht aus. Und im Saal wird es mucksmäuschenstill.

„Musik!", ruft Peter und trippelt mit seinen Füßen hin und her.

Ein Kind beginnt zu kichern und eine Frau prustet laut los. Bald lachen alle und rufen: „Musik! Musik!"

Als die ersten Töne erklingen, legen die Pinguine los. Sie hüpfen, drehen sich im Kreis, tippeln anmutig vor und zurück und schütteln ihre Bäuche.

Dazu schlagen sie mit dem Schwanz den Takt und klappern
mit den Schnäbeln. Die Zuschauer klatschen und stehen vor
Begeisterung auf.

„Bravo!", rufen sie entzückt. „Bravo! Bravo!"

Peter und Paul verbeugen sich tief. Sie sind sehr stolz auf sich.
Da steigt der Kapitän zu ihnen auf die Bühne.

„Ich gratuliere!", sagt er und rückt seine Mütze zurecht. „Es
wäre mir eine Ehre, wenn ihr jeden Abend auftreten würdet."
Die Pinguine sind sprachlos. Peter hüpft vor Freude in die
Höhe. Doch plötzlich stutzt er. Er schaut Paul an, der regungslos neben ihm steht.

„Wenn wir auf dem Schiff bleiben, werden wir nie mehr unsere Eisberge sehen", meint Paul betrübt.

„Und wir werden nie mehr über spiegelglattes Eis laufen", sagt Peter nachdenklich.

Die zwei Pinguine sehen sich ratlos an.

„Wissen Sie", sagt Peter nach einer Weile zum Kapitän. „Es ist schön, dass wir jetzt berühmt sind. Aber zu Hause ist es doch am schönsten."

Unter tosendem Applaus verlassen die beiden die Bühne und watscheln hinaus in die klare Nacht. Die Sterne funkeln über ihnen. Peter und Paul schlittern über das Deck zur Rettungsleiter und verschwinden – plitsch, platsch – zurück im Meer.

Mitmach-Seite

● Warum schwimmen Peter und Paul zurück nach Hause?

● Wie kommen die beiden Pinguine auf diese Bühne? Was machen sie da?

● Was bedeutet „Blinder Passagier"?
  ○ Der Fahrgast kann nichts sehen.
  ○ Der Fahrgast hat keine Fahrkarte.

● Es gibt berühmte Künstler, Erfinder, Sportler … Willst du auch berühmt werden? Erzähl' doch mal!

● Die Reime zur Geschichte sind durcheinander geraten. Kannst du sie ordnen?

● Berühmt schwimmen sie nach Haus'.
  Damit ist die Geschichte aus.

● Das Publikum an Bord erkennt:
  Die beiden haben viel Talent.

● Am Südpol sind Peter und Paul allein,
  dort wollen sie nicht länger sein.

● Die Pinguine tanzen und singen,
  ehe sie wieder ins Wasser springen.

● Sie schwimmen fort – sehr weite Strecken –,
  bis sie dann ein Schiff entdecken.

Erzählungen: Claudia Ondracek
Mitmachseiten: Frauke Nahrgang

MITLESEN

Seite 82

Seite 72

Malika traut sich

„Du traust dich nicht", stichelt Kilian. „Du traust dich einfach

nicht, über die große  zu gehen."

„Unterführungen und Fußgängerampel sind doch nur was für

 ", sagt Annie und grinst. „Aber nicht für Erstklässler!"

Melanie und Benjamin nicken zustimmend. Und Malika

schluckt.

Warum sind die anderen nur so gemein? Nur, weil sie

die Kleinste in der Klasse ist? Natürlich traut sie sich, Straßen

zu überqueren. Und weiß auch genau, wie das geht:

erst links, dann rechts und dann wieder links schauen.

Nur wenn alles frei ist, darf man losgehen.

Das tut Malika auch bei jeder , über die sie geht. Nur

nicht bei der großen Straße. Sie teilt den Ort in zwei Hälften.

Die Schule liegt auf der einen Seite, und Malika wohnt auf der

anderen Seite. Die große Straße ist besonders breit. Auf ihr

fahren viele . Das ist gefährlich. Das sagen nicht

nur Mama und Papa und Malikas Lehrerin, sondern sogar ihr

großer Bruder. Und der traut sich echt viel.

Aber ausgelacht werden will auch nicht. Schon gar

nicht von Annie und Melanie. Die haben auch leicht reden. Sie

wohnen ja nicht auf der anderen Seite der großen .

Deshalb müssen sie sie auch nicht überqueren. Aber das ist

ihnen egal. Sie sticheln trotzdem.

Und davon hat  jetzt endgültig die  voll. Deshalb

sagt sie: „Natürlich trau ich mich. Morgen früh gehe ich

über die große Straße!"

Am nächsten Morgen steht sie unschlüssig am Straßenrand.

Die  sausen von links und rechts an ihr

vorbei. Tschschsch, tschschsch, tschschsch macht es

immerzu. Kaum eine Lücke ist dazwischen. Wie soll

sie da nur die Straße überqueren?

Aber Melanie, Annie, Benjamin und Kilian warten schon

auf der anderen Straßenseite.

„Trau dich doch", kreischen sie herüber.

 schluckt. Sie kann einfach nicht kneifen. Sonst hänseln

sie immer weiter.

Sie schaut wieder nach links. Das gelbe ist noch weit

entfernt – jetzt!

Malika macht einen Schritt vorwärts, dann stockt sie.

Das gelbe Auto ist verdammt schnell. Es ist plötzlich

schon ganz nah.

„Was machst du denn da?", ruft auf einmal jemand hinter ihr

und reißt sie am zurück.

Malika dreht sich erschrocken um. Es ist Tom . Ausge-

rechnet Tom! Er wohnt neben ihnen und ist Polizist. Polizisten

passen auf, dass man alles richtig macht. Und richtig war das

nicht. Das weiß ganz genau. Sie schluckt. Tom wird jetzt

bestimmt schimpfen und alles ihren Eltern erzählen.

Aber schaut sie nur an – und dann auf die andere

Straßenseite. Malika folgt seinem Blick. Melanie, Annie,

Benjamin und Kilian schauen verstohlen zu ihr und Tom

hinüber und tuscheln.

„Die anderen warten auf dich, oder?", fragt .

„Ja", flüstert Malika.

„Und sie warten, ob du dich traust?", fragt Tom weiter.

nickt stumm. Da tritt Tom auf die Straße. Er hält

seine Kelle hoch. Die Autos halten.

„Lauf bis zur Straßenmitte", sagt er.

Malika tut, was er sagt. Dann stoppt Tom die

auf der anderen Straßenseite. Und rennt schnell über

die Fahrbahn. Melanie, Annie, Benjamin und Kilian schauen

sie an und grinsen. Da tritt zu ihnen.

„Malika traut sich was", meint er. „Sie hat heute Morgen

sogar die Polizei angerufen, um euch zu zeigen, dass sie so

eine breite überqueren kann, aber mehr Grips hat

als ihr. Das nenne ich Mut."

Melanie, Annie, Benjamin und Kilian gucken betreten zu

Boden. Keiner macht den   auf, keiner lacht. Dann

gehen sie langsam davon, einer nach dem anderen.

schaut ihnen hinterher. Wie gut sich das anfühlt!

„Danke", sagt sie leise zu  . „Danke, dass du mir geholfen

hast. Und morgen gehe ich wieder durch die Unterführung.

Egal, was die anderen sagen!"

zwinkert ihr zu. „Ich wusste doch, dass du Grips hast!"

Mitmach-Seite

Warum ist die große Straße besonders gefährlich?

Welchen sicheren Weg auf die andere Seite gibt es?
- ◯ die Ampel
- ◯ den Zebrastreifen
- ◯ die Brücke
- ◯ die Unterführung

Warum will Malika diesmal direkt über die Straße laufen?

Was ist falsch an Malikas Verhalten?

Was sagen Annie und Melanie wohl gerade zu Malika? Stell dir vor, du bist Malika! Was könntest du den beiden erwidern?

Wer rettet Malika im letzten Moment?

Wie fühlen sich die Kinder? Ihre Gesichter verraten es dir.

Stell dir vor, du wärst der Polizist! Was würdest du zu Kilian und seinen Freunden sagen?

Bist du schon einmal gehänselt worden?

Hast du schon mal erlebt, dass andere gehänselt werden?

Werden die anderen Kinder Malika noch einmal hänseln?

Jo und Kurt
und die saure Milch

Kurt, der Cowboy, ist mit seinem Pferd Blacky immer unterwegs.

Aber nicht als Viehhirte. Nein! Kurt fährt mit der Postkutsche

durch die Prärie und bringt und Pakete, Geld und

andere Schätze von Stadt zu Stadt und von Farm zu Farm.

Eines Tages hat Kurt eine ungewöhnliche Fracht: Johanna,

die Tochter des Sheriffs, soll mitfahren. Sie will eine Tante auf

einer abgelegenen Farm besuchen. Johannas leuchten.

„Endlich komm ich mal raus. Ich will Abenteuer erleben!"

Das glaubt Kurt ihr sofort. Mit den weiten Hosen und

dem karierten Hemd sieht Johanna fast wie ein aus.

Nur der lange passt nicht.

„Versprich dir nicht zu viel", sagt Kurt. „Die Fahrt ist lang – und

die Prärie ist einsam."

„Aber immer noch besser, als zu Hause zu sitzen", erwidert

Johanna.

„Vielleicht", sagt Kurt und belädt weiter seine  :

mit Schatullen voller Schmuck, mit Kisten voller Waffen

und Beuteln voller Goldtaler.

„Das muss auch noch mit", sagt Johanna und reicht ihm eine

große  Milch und einen Sack  . „Proviant für

den Notfall!"

„Bei mir gibt es keinen Notfall", erwidert Kurt, aber er verstaut

die Sachen trotzdem unter dem Kutschbock. Dann schwingt er

die Peitsche, und Blacky prescht los, dass es nur so staubt. Als

sie die Stadt verlassen haben, dröhnt ein Stöhnen aus

der  . Und dann ein: „Stopp!"

„Was ist denn?", fragt Kurt und runzelt die  .

Johanna schwingt sich auf den Kutschbock und atmet tief

durch. „Hier ist es schön frisch", sagt sie. „In der Kutsche ist

mir zu heiß. Und nenn mich bitte Jo. Das passt besser zu mir!"

Das findet Kurt auch und rast weiter durch die Prärie – vorbei

an schroffen Felsen und verlassenen , durch trockene

Flüsse und einsame Schluchten.

Plötzlich hallt ein Schuss von den Felsen.

„Überfall", schreien Banditen und jagen auf ihren Pferden

den Abhang hinunter.

„Halt dich fest, Jo", brüllt Kurt und knallt mit der .

Blacky galoppiert, was das Zeug hält. Aber die Banditen sind

ihnen dicht auf den . Jo kann schon ihren keuchenden

Atem hören.

„Ergebt euch", rufen sie drohend, „sonst geht es euch

schlecht!" Die Banditen zücken ihre   . Die ersten Kugeln

pfeifen Kurt und Jo um die Ohren. Das ist Kurt zu brenzlig. Er

zieht die Zügel und bringt Blacky zum Stehen.

„Los, runter mit euch", brüllen die Kerle und zerren die beiden

vom Kutschbock. Sie durchstöbern das Gepäck und reiben

sich vor Freude ihre dreckigen   . So einen guten Fang

haben sie schon lange nicht mehr gemacht!

„Wir nehmen gleich die ganze   mit. Nur die Milch und

die   könnt ihr behalten", grölen sie hämisch.

Bevor Kurt noch etwas sagen kann, preschen die Banditen

schon davon. Kurt starrt mit offenem   der Staubwolke

hinterher. Überfallen wurde er schon öfter – aber so

unverschämt waren die Banditen noch nie.

„Auf geht's", sagt Jo da und klopft Kurt aufmunternd auf

die Schulter. „Jetzt geht's zu Fuß weiter! Proviant haben wir ja

zum Glück."

Kurt ist gar nicht zum Lachen zumute: Bis zur nächsten Stadt

ist es weit. Ob Jo den Fußmarsch schafft?

„Keine Sorge", beruhigt sie ihn. „Ich bin im Training! Zu Hause

renne ich immer die ![Treppe] rauf und runter."

Da muss Kurt lachen. „Dann bist du fitter als ich", meint er.

„Ich sitze immer nur auf dem Kutschbock und lasse

das ![Pferd] laufen!"

Kurt schultert den Sack mit den ![Äpfel]. Jo läuft mit

der Milchkanne hinterher. Wie ein Feuerball brennt die Sonne

vom Himmel. Die beiden schwitzen. Bald kleben ihnen die

Hemden am Körper.

Am Abend rasten sie bei einer Höhle. Die ![Sterne] funkeln

am Himmel. Der ![Mond] taucht alles in silbernes Licht. Über

dem ![Feuer] brutzeln Bratäpfel. Und die Kojoten heulen.

„Davon habe ich immer geträumt."

„Na, dann hatte der Überfall ja wenigstens was Gutes",

murmelt Kurt müde.

Am nächsten Morgen steht die  schon hoch

am Himmel, als Kurt die Augen aufschlägt.

„Guten Morgen, du Schlafmütze!", ruft Jo.

Kurt starrt sie entgeistert an. „Ich hab wohl etwas länger

geschlafen", stottert er und greift nach der 🏺 . Aber

die Milch ist schon ganz dick.

„Das kommt von der Hitze", mault Kurt. „Die können wir nicht

mehr trinken."

„Aber löffeln", sagt Jo und kramt einen 🥄 aus

der Hosentasche.

Hui, ist das sauer! Doch Naschkatze Jo hat zum Glück Zucker

dabei und schnippelt auch noch ein paar Apfelstücke hinein.

Kurt staunt.

„Echt lecker", nuschelt er

mit vollem Mund.

Jo grinst. „Not macht eben

erfinderisch", meint sie.

Da hören sie ein „Klack-klack! Klack-klack!" Sind das etwa

wieder Banditen? Schnell verstecken sich Kurt und Jo hinter

einem Felsen. Sie geben keinen Mucks von sich. Da taucht

ein einzelnes   auf – ohne Reiter!

„Das ist mein Blacky", ruft Kurt und springt auf. „Jetzt können

wir wenigstens in die nächste Stadt reiten!"

Doch so richtig freuen kann sich Kurt trotzdem nicht: Sein

 ist zwar wieder da. Aber seine ist futsch.

Was soll er in Zukunft nur arbeiten?

„Mach doch einen Laden auf", schlägt Jo vor.

„Einen Laden?", wundert sich Kurt. „Und was soll ich da

verkaufen?"

„Saure Milch mit Zucker und Obst", sagt Jo und lacht.

„Das Geschäft geht bestimmt!"

Kurt ist begeistert. Das ist eine super Idee!

„Hilfst du mir dann ab und zu beim Verkauf?", fragt er.

„Na klar", antwortet Jo. „Wenn das so abenteuerlich wird, wie

mit dir zu reisen, jederzeit!"

Seitdem hat Kurt in der  einen Laden. Über dem Laden

hängt ein Schild. Auf dem steht: Jo – Kurt! Und das, was

die beiden dort verkaufen, essen wir bis heute – als Joghurt!

Mitmach-Seite

Finde Paare! Immer zwei Wörter haben denselben Anfangsbuchstaben.

Was reimt sich?

 – W • • • •

 – T • • •

 – H • • •

 – T • • • •

Der Sheriff hat die Postkutschenräuber noch nicht gefasst. Male einen Steckbrief für einen der Räuber. Wenn die Leute den Räuber auf deinem Bild genau erkennen können, wird er vielleicht bald verhaftet.

Aus zwei Wörtern wird eins! Wie lautet das Wort?

Liebes-

Lager-

Suppen-

Reit-

Voll-

Glücks-

Wo siehst du dieses Puzzleteil?

Das steht auf Kurts Speisekarte:

Blühende Prärie

Feuerapfel

Kalte Abendsonne

Für diese Leckereien musst du nicht in den Wilden Westen reisen. Du kannst alles ganz leicht nachmachen.

- **Blühende Prärie:** verschiedenfarbige Obstsorten in kleine Stücke schneiden, Joghurt in flache Schälchen füllen, mit den Obstschnipseln Blumenmuster darauf legen

- **Feuerapfel:** einen Apfel klein schneiden, Joghurt mit Apfelstücken, Nüssen, Rosinen mischen und mit einer Prise Zimt einfärben

- **Kalte Abendsonne:** tiefgefrorene Himbeeren nur kurz antauen lassen; Himbeeren mit Joghurt zerstampfen

Du kannst auch selbst Joghurt-Leckereien ausprobieren. Denk' dir für jede einen Namen aus, der auf der Speisekarte gut klingt.

Ein fast verpatzter Geburtstag

Als Lisa von der Schule nach Hause kommt, ist das Haus leer und die Küche kalt. Kein Lieblingsessen steht auf dem Tisch. Und das an ihrem Geburtstag! Auf dem liegt ein Zettel:

Liebe Lisa, ich bin beim Aufhängen deiner Geburtstagsgirlande von der gefallen und habe mir den linken gebrochen. Papa bringt mich ins Krankenhaus in der Stadt. Es tut mir so leid! Dein Fest fällt leider ins Wasser. Ich habe schon alle Eltern per informiert. Aber wir feiern nach, versprochen! Oma weiß Bescheid. Die macht bestimmt was Nettes mit dir. Lass den Kopf nicht hängen – tausend Küsse Mama.

Lisa lässt sich auf den 🪑 fallen. Das kann doch nicht wahr

sein. Ausgerechnet an ihrem Geburtstag fällt Mama von

der 🪜. Typisch, Mama ist und bleibt einfach eine

Katastrophenmama. Was nun? Auf Oma hat Lisa jetzt keine

Lust. Auf Alleinsein auch nicht. Und auf Trübsalblasen schon

gar nicht. Also ruft Lisa ihre Freundin Marie 👧 an. Marie

weiß längst Bescheid. Ihre Mutter hat ihr schon alles erzählt.

„Sei nicht traurig", sagt sie. „Wir feiern ja nach!"

„Ja, aber was mach ich heute?", fragt 👧 . „Gehst du mit

mir ins Kino?"

„Nööö", sagt  gedehnt. „Keine Lust!"

„Was dann?", hakt Lisa nach.

„Hmmm", druckst Marie herum. „Ich hab eigentlich keine Zeit."

„Keine Zeit?" Lisa kann es nicht fassen. „Aber in der Schule

war doch noch alles in Butter: Party bei mir um vier? Was hast

du denn plötzlich so Wichtiges vor?"

„Ich ... ich muss noch rechnen üben", murmelt  .

„Du weißt doch, wir schreiben nächste Woche die Arbeit."

„Ja, aber ausgerechnet an meinem Geburtstag?", fragt Lisa.

„Ja, ich muss einfach noch lernen", antwortet .

kommen die Tränen. Heute wollen ihr wohl alle

den Tag vermiesen! „Dann halt nicht", sagt sie schnippisch und

knallt den auf. Sie geht auch nicht mehr ran, als

es wieder klingelt. Soll Marie doch schmoren mit ihrem

schlechten Gewissen. Das ist ihr egal! Dann geht sie eben

doch zu Oma. Oma wohnt in der Wohnung über ihnen

im . Und Oma freut sich immer, wenn Lisa kommt.

„Da bist du ja endlich, Geburtstagskind", ruft sie. „Ich wollte

schon nach dir schauen."

Sie zieht an sich. Als Lisa den weichen, warmen

Körper spürt, kann sie die nicht zurückhalten.

„Du Arme", sagt Oma tröstend. „Es ist aber auch zum Heulen,

dass Mama dir heute den Tag so vermasselt. Komm, wir beide

machen jetzt was Schönes. Auf was hast du Lust?"

Lisa schnieft. „ essen gehen", sagt sie dann.

Arm in Arm marschieren sie zur Eisdiele. Dort bestellt Lisa

den größten 🍨, den es auf der Karte gibt – mit Sahne.

Sie spielen Leute-Gucken. Das tun sie am liebsten. Da ist

eine Frau mit Turmfrisur und dort eine mit Watschelgang.

Und der Mann dort muss einen Ball verschluckt haben, so

kugelrund ist sein Bauch.

Plötzlich entdeckt Lisa in dem Menschengewühl  .

Und neben ihr Maya. Das kann doch nicht sein! Was machen

die beiden denn hier? Die Mädchen sind mit Tüten beladen.

Marie hat gelogen. Von wegen Mathe lernen. Lisa spürt einen

Stich. Dann kullern ihr schon wieder die 😢 .

Oma schaut sie erschrocken an. „Was ist denn?"

Da bricht es aus 👧 heraus: Dass sie heute alle im Stich

lassen. Erst Mama und dann noch Marie, ihr beste Freundin.

Ausgerechnet die hat plötzlich keine Zeit mehr für sie und ist

lieber mit Maya zusammen.

„Die blöde 🐄 ist nicht mehr meine Freundin", schluchzt

Lisa. Oma hört ihr aufmerksam zu.

Nach einer Weile meint sie: „Weißt du, dass 👧 keine Zeit

hat, ist wirklich blöd. Aber Marie hin, Marie her – ob du heute

einen schönen Tag hast, hängt ganz allein von dir ab."

👧 schaut sie stirnrunzelnd an. „Wie meinst du das?"

„Marie hat keine Zeit für dich, daran kannst du nichts ändern",

sagt Oma ernst. „Aber es wird doch bestimmt noch etwas

anderes geben, was dir Spaß macht. Auch ohne , oder?"

Lisa schüttelt nur stumm den Kopf.

„Überleg noch mal", sagt Oma.

 schnieft. „Einen Film schauen. Das ist immer gemütlich!"

„Gut", erwidert Oma, „dann lass uns einen Film schauen."

Lisa schnieft wieder, dann nickt sie. „Okay!"

„Na dann los", sagt Oma und steht auf.

Zu Hause kuscheln sie sich aufs  und legen eine DVD

ein. Oma lacht sich schlapp über die lustigen Figuren. Das

steckt an. Auch  muss lachen.

Plötzlich klingelt es an der . Lisa öffnet: Draußen

stehen Marie und Maya und Meike und noch ein paar

Freunde aus ihrer Klasse! Sie trällern: „Wie schön, dass du

geboren bist" und halten Lisa einen Kuchen mit sieben

unter die .

„Los, ausblasen – und gleich alle sieben", sagt Marie. „Damit

heute nicht noch was schiefgeht."

Dann packen sie ihre Mitbringsel aus: Apfelschorle, Chips,

Gummibärchen und jede Menge bunte Schokolinsen.

 traut ihren    kaum.

„Das ist ja alles, was man zu einer richtigen Party braucht",

stottert sie.

 schaut sie an und grinst: „Hast du denn gedacht, ich

lasse dich im Stich? Immerhin bist du meine beste Freundin –

und beste Freundinnen gehen zusammen durch dick und dünn!"

Mitmach-Seite

- **Aus zwei Wörtern wird eins! Wie lautet das Wort?**

-Glocke   -Bär   -Buch

-Bein   -Wagen   -Klinke

- **Wie wünschst du dir deinen besten Freund/ deine beste Freundin?**

- **Warum ist Mama ausgerechnet an Lisas Geburtstag nicht zu Hause?**

- **Wo ist Lisas Papa?**

- **Marie behauptet: „Ich habe keine Zeit. Ich muss rechnen üben." Aber in Wirklichkeit hat Marie einen ganz anderen Plan. Erzähle davon!**

- **Warum weiht Marie Lisa nicht in ihre Pläne ein?**

● Wann hast du Geburtstag?
Wie alt wirst du?

● Für kleine Detektive: Wie alt wird Lisa?
Woran hast du das gemerkt?

● Für die Überraschungsparty hat Marie ganz schön viel
zu tun. Spiele Marie! Wen musst du alles anrufen?
Wer muss was für die Party mitbringen?

● Eine Katastrophenmama ist eine Mama, die …
Was ist wohl eine Kuschelmama oder eine Naschmama?
Welche lustigen Namen passen zu deiner Mama?

● **Lustige Brotgesichter für deine Geburtstagsparty**

So wird's gemacht:

● Schneide Brotscheiben rund aus. Dabei kannst du dir ruhig
helfen lassen. Bestreiche sie mit Butter oder Margarine.
Darauf kommt Frischkäse oder deine Lieblingswurst.

● Nun fehlt nur noch das Gesicht. Wie wäre es mit
Radieschenstücken oder Möhrenscheiben als Augen?
Aus Paprika oder Gurken kannst du eine schöne Nase
schneiden. Ein Tomatenstück ergibt einen prima Lachmund.

● Jetzt fehlen noch die Haare. In Grün sind sie besonders
schick. Aus frischen Kräutern kannst du die tollsten
Frisuren machen.

Viel Spaß mit deinen essbaren Kunstwerken!

Jonas,
der Kühe-Zähmer

„Nicht zu fassen", stöhnt Rosie  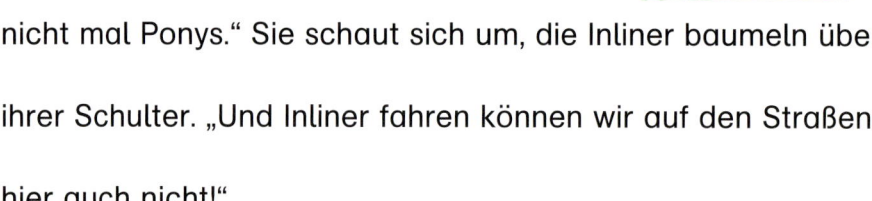 und lehnt sich gegen

den Koppelzaun. „Da fahre ich extra mit dem Bummelzug bis

zu eurem Dorf. Und dann habt ihr auf eurem

nicht mal Ponys." Sie schaut sich um, die Inliner baumeln über

ihrer Schulter. „Und Inliner fahren können wir auf den Straßen

hier auch nicht!"

Jonas könnte im Boden versinken. Er mag seine Cousine

Rosie. Jetzt kommt sie ihn endlich mal besuchen – und sie

haben nicht mal Ponys zum Reiten.

 ist nett. Sie ist immer auf Abenteuer aus. Und sie ist aus

der Stadt. In der Stadt gibt es viele glatte Spielstraßen, auf

denen man toll Inliner fahren kann. Das weiß er, weil er

schon oft in der Stadt besucht hat und sie dort durch die

Spielstraßen gefahren sind. In seinem Dorf sind die Straßen

dagegen holprig und die Wege sandig. Da kann man nicht

gut Inliner fahren, ohne  schon gar nicht. Und seine

Knieschützer sind schon ganz durchgewetzt vom vielen

Stürzen. Aber an neue ist nicht zu denken.

„Frühestens Weihnachten", hat seine Mutter gesagt. Und jetzt

ist Sommer!

Inliner fahren geht also nicht. Und Ponyreiten können sie

auch nicht. Dabei finden Stadtkinder das cool, wie ein

im  zu sitzen und über die Wiese zu galoppieren.

Tiere füttern ist dagegen nicht cool. Im Heu herumtollen auch

nicht. Und fahren mit Mädchen geht auch nicht. Was

also soll er jetzt nur mit Rosie machen? Doch da hat

eine Idee.

„Ponyreiten ist von gestern", winkt er ab, „genauso wie

Rollschuh laufen."

„Ehrlich?", fragt Rosie ungläubig. „Und was ist von heute?"

reiten", sagt Jonas. „Die Cowboys haben das früher

auch gemacht. Sie sind auf die Stiere gesprungen und haben

sich an den Hörnern festgehalten. Die Stiere haben sich

natürlich aufgebäumt und ausgeschlagen. Aber die

haben sich nicht abwerfen lassen, bis die Stiere gezähmt waren."

„Das klingt ja noch cooler als Ponyreiten", staunt .

„Und das machst du?"

„Klar", schwindelt Jonas. „Nur auf Kühen."

„Das will ich sehen!", sagt Rosie.

zögert. „Okay, komm mit", sagt er dann.

Sie gehen an der

Weide vorbei. Dort

grasen Schafe und Kühe.

„Welche Kuh willst du denn

reiten?", fragt Rosie neugierig.

„Keine von denen", sagt Jonas. „Die sind alle schon zahm.

Wir müssen zum Stall."

 beißt sich auf die Lippen. Was erzählt er da bloß?

Das kann [Bild] doch gar nicht glauben. Verstohlen schaut er

zur Seite. Aber sie schaut ihn nicht ungläubig an. Sie läuft

einfach neben ihm her.

Jonas führt Rosie über den Hof und in den Stall. Er hat ganz

schön weiche [Bild] . Und ein wenig flau ist ihm auch im

Magen. „Aber das ging den [Bild] bestimmt auch so", denkt er

bei sich.

Jonas klettert auf den Rand der Kuhbox. Die [Bild]

schauen ihn mit großen [Bild] an.

Sie kommen Jonas plötzlich so groß vor. Größer als sonst.

Aber ein Rückzieher kommt nicht in Frage. Nicht vor  !

„Öffne die Box", ruft  Rosie zu.

Dann lässt er sich auf einen Kuhrücken fallen. Die

kriegt einen Schreck und bäumt sich auf. Jonas klammert sich

am  fest. Die Kuh dreht und wendet sich. Aber

presst seine Beine fest in ihre Seite, damit er nicht abrutscht.

Da prescht die Kuh los – durch die offene Box hinaus aus

dem Stall. Jonas schaukelt auf ihrem Rücken hin und her

wie ein kleines Segelboot auf den Wellen.

„Weiter so", feuert  ihn von hinten an.

Die Kuh versucht, ihn abzuwerfen. Aber Jonas hält sich tapfer

auf ihrem Rücken. Die Kuh rast über den Hof Richtung Weide

und durch das offene Gatter auf die Koppel. Die anderen Kühe

heben erstaunt ihre Köpfe. Aber Jonas 🐄 rast immer

weiter. Und 🧒 krallt sich fest, so gut es geht.

„Lange halt ich das nicht mehr durch", denkt er. „Das ist zu

rutschig und wackelig hier oben!"

Da bleibt die 🐄 plötzlich stehen. Sie senkt den Kopf und

rupft genüsslich vom saftigen 🌿.

„Hilfe", ruft Jonas und rutscht nach vorne.

Er will sich an den 🐮 festhalten. Aber er fasst daneben,

rutscht seitlich am Hals der Kuh hinab und purzelt ins Gras.

„Autsch", schreit er und greift nach seinem Bein.

Sein Knie ist aufgeschürft. Jonas muss heulen. Nicht nur, weil es wehtut. Vor allem, weil er wütend ist. Wie konnte ihm das nur passieren? So ein alberner Ritt und dann noch der Sturz. Ausgerechnet vor  , die mit den tollen Inlinern. Wie peinlich!

„Tut es weh?", fragt Rosie aufgeregt, als sie neben Jonas kniet. schüttelt tapfer den Kopf. Aber er bekommt kein Wort heraus. Und anschauen kann er Rosie auch nicht. Die wird bestimmt bis über beide Ohren grinsen.

„Diese Kuh hast du wirklich gezähmt", sagt Rosie da.

Erstaunt starrt  sie an und folgt ihrem Finger. Die

grast friedlich auf der Weide, als wäre nichts passiert. Das

hätte er nie gedacht.

Da gibt Rosie  ihre Knieschützer.

„Die brauchst du", sagt sie anerkennend. „Und zwar dringender

als ich. Denn  reiten ist echt cool – aber auch ein

bisschen gefährlich!"

Jonas Augen glänzen. Der Kuh-Ritt war also doch ein

voller Erfolg. Rosie ist zufrieden. Und er hat endlich neue

und kann wieder Inliner fahren. Sogar auf holprigen

Dorfstraßen!

Mitmach-Seite

- Wer ist Rosi?

- Was passt Rosi nicht?

- Warum ist Rosi bei Jonas?

- Warum hat Jonas plötzlich weiche Knie?

- **Die Kuh bäumt sich auf. Was bedeutet das?**
  - ◯ Die Kuh steigt auf einen Baum.
  - ◯ Die Kuh stellt sich auf die Hinterbeine.

- Müssen die Kühe im Stall wirklich noch gezähmt werden?

- **Ein Rückzieher kommt nicht in Frage. Was bedeutet das?**
  - ◯ Jonas darf nicht an der Kuh ziehen.
  - ◯ Jonas muss halten, was er angekündigt hat.

● Hast du selbst schon mal kräftig angegeben? Warum?

● Warum erzählt Jonas so eine Geschichte?

● Ist Jonas wirklich vorher schon mal auf einer Kuh geritten?

● **Wer denkt was?**

● Das ist doch wirklich unerhört!
Der Kerl auf meinem Rücken stört.

● Was will ´ne Kuh mit einem Reiter?
Ach, egal! Wir kauen weiter!

● Das hab' ich von der Prahlerei!
Gleich fall' ich runter! Aus! Vorbei!

● Cowboys reiten im Wilden Westen.
Doch hier kann Jonas es am besten.

● Glaubst du, die Kuh mag den Reiter auf ihrem Rücken?

● Ponyreiten ist von gestern. Was bedeutet das?
○ Ponyreiten ist altmodisch.
○ Ich bin gestern erst geritten.

● Hast du selbst schon mal was richtig Gefährliches gemacht? Wie kam das?

Urlaub unter Blättern

„Der Wasserball", ruft Nina  aufgeregt, „der muss

auch mit."

Ninas Zwillingsbruder Lorenz  schreibt den

Wasserball auf die Einpackliste. Da stehen jetzt:

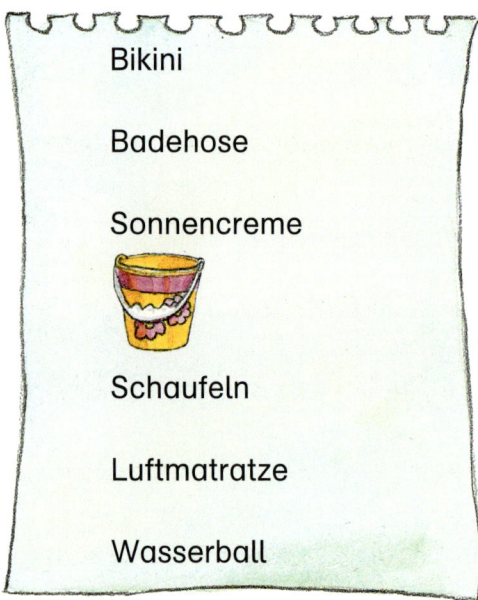

Bikini

Badehose

Sonnencreme

Schaufeln

Luftmatratze

Wasserball

Eben alles, was man für einen Urlaub am Meer braucht. Denn

nächste Woche fahren sie los. Dann sind endlich Sommerferien!

 hat sogar schon ihren kleinen  gepackt.

Der quillt fast über.

Da kommt Papa mit einem traurigen Gesicht ins Zimmer.

„Kinder, ich muss mit euch reden", sagt er und lässt sich auf

Ninas  fallen.

Nina und Lorenz schauen ihn erschrocken an.

„Der Urlaub in Spanien fällt leider aus", sagt Papa.

„Wieso denn?", fragen  und  entsetzt.

Papa seufzt. „Ein Kollege von mir hatte einen Unfall und kann

nicht arbeiten. Ich muss seine Termine übernehmen. Ich kann

jetzt leider nicht wegfahren."

„Das ist gemein", ruft Nina und tritt wütend gegen ihren .

„Ferien zu Hause sind grottenlangweilig. Ich will nach Spanien!"

Papa nickt. „Das verstehe ich. Aber ich kann wirklich nicht weg.

Und Oma und Opa können auch nicht kommen. Ihr müsst in

den Hort. Aber abends und an den Wochenenden machen wir

immer etwas Schönes zusammen!"

„Und was ist mit der Nacht unter 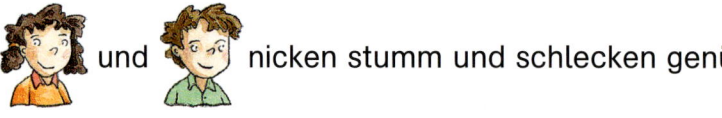, die du uns

versprochen hast?", fragt Lorenz schluchzend.

Papa streicht ihm über den Kopf. „Dafür übernachten wir

im . Gleich heute Nacht – morgen ist doch Samstag.

Und wir machen Picknick! Kommt ihr mit einkaufen?"

Nina und Lorenz schütteln die Köpfe. Was ist eine Nacht

im Baumhaus schon gegen eine Nacht unter Palmen?

Als Papa mit vollen Taschen vom Einkauf zurückkommt, hat er

für jeden ein riesiges dabei – als Trostpflaster.

„Das Eis von Don Pedro ist einfach unschlagbar", sagt Papa

und zwinkert den Zwillingen aufmunternd zu. „Bestimmt besser

als in Spanien!"

 und nicken stumm und schlecken genüsslich.

Was das Eis betrifft, da hat Papa wirklich Recht!

Abends schmieren sie dann doch zusammen Brote und

schnippeln Möhren und Paprika. Sie verstauen alles in

einem .

Papa legt noch das Märchenbuch „Tausend und eine Nacht"

hinein.

„Dann können wir wenigstens vom Reisen träumen", sagt er.

Nina klettert die  im Birnbaum hoch und zieht den Korb

ins Baumhaus. Lorenz und Papa kraxeln hinterher. Sie machen

es sich auf den Kissen gemütlich, und sie essen Brote, bis sie

fast platzen. Sie knabbern um die Wette. Sie

erzählen sich Witze, bis sie nicht mehr können vor Lachen.

Und sie futtern Chips ohne Ende. Dabei lesen sie von Sindbad,

dem Seefahrer, der den Rücken eines großen Wales mit einer

verwechselte und auf dem Wal landete. Als der Wal

dann abtauchte, stürzten alle ins Meer!

„Ganz schön gefährlich, so ein Leben auf dem Meer",

murmelt Lorenz schlaftrunken. Dann fallen den Zwillingen

die 👀 zu.

„Aufwachen, ihr Langschläfer", schallt es am nächsten Morgen

vom Fuße des Birnbaums. „Palmenfrühstück!"

Palmenfrühstück? Nina und Lorenz blinzeln müde durch

die 🚪 im Baumhaus – und reißen erstaunt die 👀 auf.

An den Ästen des Birnbaums hängen Palmwedel und

Kokosnüsse. Aus einem Kassettenrekorder ertönt Papageien-

gekrächze und Meeresrauschen. Und unten im 🧺 liegen

knusprige Hörnchen, Schokocreme und frische Milch!

Schnell ziehen die Zwillinge die Schätze hoch. Als Papa ins

Baumhaus klettert, haben die Zwillinge schon den Frühstücks-

tisch gedeckt. Nina beißt heißhungrig in ein Hörnchen.

„So unter  schmeckt es besonders gut",

nuschelt sie und gibt Papa einen dicken Kuss.

„Das stimmt", meint Papa. „Und was machen wir jetzt?"

„Wir gehen an den Strand", ruft Lorenz. „Was sonst?"

Papa guckt wie ein [?]. Lorenz klettert lachend

die Strickleiter hinunter. Nina und Papa folgen ihm.

[Junge] rennt zur Buddelkiste.

„Das wird unser Strand", sagt er und steckt den

in den Sand.

„Jetzt fehlt nur noch das Meer", ruft Nina und läuft zum

Schuppen. Wo ist nur das alte Planschbecken? Da, da hinten

in der Ecke liegt es! Nina zerrt es aus dem [Regal]. Papa bläst

das Planschbecken auf. Lorenz holt den Wasserschlauch. Bald

plätschert [Wasser] in das Becken. Nina hält ihre [Füße] rein.

Wie schön das kühlt! Plötzlich schreit Nina auf. Lorenz hat sie

von oben bis unten nass gespritzt.

„Na warte, du Schuft", schreit   und springt auf. Sie

nimmt den Wasserschlauch und verfolgt Lorenz kreuz und

quer durch den Garten.

„Hee, Vorsicht!", ruft Papa, aber da ist seine ![Zeitung] schon

pitschnass. „Die muss wohl erst mal trocknen", sagt er

lachend. „Dann mache ich eben jetzt Siesta."

„Siesta, was ist das denn?", fragt ![Lorenz] erstaunt.

„Na, eine Pause, die machen die Spanier sonst immer erst

nach dem Mittagessen", antwortet Papa. „Aber das geht auch

jetzt schon!"

„Au ja", rufen die Zwillinge und lassen sich auf ihre Handtücher

unterm fallen.

„Weißt du was, Papa?" grinst. „In Baumhausen ist es

fast so schön wie in Spanien!"

„Na, zum Glück", strahlt Papa.

„Und morgen gehen wir auf Schatzsuche", sagt Lorenz.

„Hier am Strand haben bestimmt einen

versteckt!"

„Garantiert", murmelt Papa schläfrig. „Aber ohne Schatzkarte

kommen wir nicht weit."

„Kein Problem", rufen und aus einem .

„Die malen wir. Dann gibt es morgen neue Abenteuer!"

Mitmach-Seite

● Was hatten Papa und die Zwillinge in den Ferien vor? Warum wird nichts aus diesen Plänen?

● Welchen Vorschlag macht Papa?

● Wofür braucht man ein Trostpflaster?
○ Um ein Loch im Knie zu verkleben.
○ Um über einen Kummer hinwegzutrösten.

● Erzähle mal, was hier gerade passiert!

● Wann ist man schlaftrunken?
○ Wenn man noch ganz verschlafen ist.
○ Wenn man abends zu viel Limo getrunken hat.

● Das gibt es im Urlaub in Spanien: Hotel, Palmen, Meer, Strand.
In ihrem Urlaub zu Hause wissen Papa und die Zwillinge sich zu helfen.

● Als Hotel nehmen sie …
● Als Palmen …

Glaubst du, dass die Kinder Spaß haben? Würde dir so ein Gartenurlaub auch gefallen?

Beim Dichten ist etwas schiefgegangen. Findest du das passende Reimwort?

- In Spanien scheint die Sonne heiß.
  Don Pedro macht das beste BROT.

- Der Urlaub in Spanien fällt leider aus.
  Die Familie bleibt IM BETT.

- Im Baumhaus lässt sich's köstlich speisen.
  Da schmeckt's noch besser als auf RÄDERN.

- Ein Meer im Garten, das ist fein.
  Lorenz füllt das Wasser AUS.

- Das Meer hat einen Badestrand.
  Doch auch daheim gibt's feinen MATSCH.

- Seht mal, wie der Lorenz flitzt.
  Er hat die Nina nass GEMALT.

- Urlaub, wie ihn jeder mag
  mit Abenteuern Tag für NACHT.

Was bedeutet „kraxeln"?

○ klettern

○ Krach machen

Erzählungen: Sabine Rahn
Mitmachseiten: Frauke Nahrgang

SELBSTLESEN

Seite 124

Seite 134

Seite 146

Nellis Schulranzengeheimnis

Matilda, Nelli und Pauline sitzen im Garten und spielen Meerie-Zirkus: Die drei Freundinnen sind Dompteure und bringen den vier gefährlichen Meerschweinchen von Pauline schwierige Kunststücke bei.

„Mama und ich gehen heute Nachmittag einen Schulranzen für mich kaufen", erzählt Matilda stolz.

„Ich hab meinen Ranzen schon", sagt Pauline während sie Teddy stupst, damit er über einen Ziegelstein klettert. Aber Teddy versteht nicht, was er machen soll und versucht immer wieder um den Ziegelstein herum zu laufen.

„Wie sieht deiner denn aus?", fragt Matilda.

„Ich hab mir den allerschönsten rausgesucht!", sagt Pauline. „Er ist rosa mit weißen Pferden drauf."

„Echt, mit Pferden? Ooch, wie süß!", sagt Matilda. „So einen will ich auch!"

94

Nelli lockt das rostbraune Rosettenmeerschwein Zora mit
einem Stückchen Apfel über die Bretter-Wippe, die sie gebaut
hat. „Zeig doch mal!", sagt Nelli.
Pauline springt auf und läuft ins Haus. Als sie wiederkommt,
hat sie ihren Ranzen auf dem Rücken. Die weißen Ponys
darauf haben ganz große Augen und eine lange lockige Mähne.
„Ist der schön!", sagt Nelli und kann ihre Augen gar nicht
abwenden.

Pauline setzt ihren Ranzen stolz ab, macht ihn auf und holt
ein Mäppchen, ein Portemonnaie und einen Turnbeutel
heraus: ebenfalls in Rosa mit den gleichen weißen Ponys drauf.
„Ja, genau so einen will ich auch!", sagt Matilda entschlossen.
Sie hält Bienchen und Flauschi ein Stückchen Birne hin.
„Wir könnten doch alle drei den gleichen Schulranzen
nehmen!", schlägt sie vor. „Dann sieht in unserer neuen Klasse
jeder, dass wir drei beste Freundinnen sind!"

„Au ja!",
sagt Pauline,
„das ist eine gute Idee!"

„Ich glaube, das geht nicht", sagt Nelli. „Ich hab nämlich auch schon einen Ranzen."

„Echt? Und wie sieht deiner aus?", fragt Pauline.

„Weiß ich noch gar nicht", behauptet Nelli. „Tante Claudi bringt ihn heute erst vorbei. Es ist eine Überraschung!"

„Vielleicht hat sie dir ja auch den Ponyranzen gekauft!", meint Matilda. „Dann können wir doch alle drei den gleichen haben!"

„Ja, vielleicht!", sagt Nelli. Aber sie schaut ihren Freundinnen dabei nicht in die Augen. Denn sie weiß, dass Tante Claudi ganz bestimmt nicht einen neuen wunderschönen Ponyranzen mitbringen wird, sondern den gebrauchten, langweiligen, dunkelgrünen Jungenranzen von Nellis älterem Cousin Oskar.

„Aber wir bleiben doch trotzdem beste Freundinnen, oder?", fragt Nelli besorgt. „Auch wenn wir vielleicht nicht die gleichen Schulranzen haben?"

„Klar!", sagt Pauline.

„Auf jeden Fall!", bestätigt Matilda, „aber schön wär´s trotzdem, oder?"

Als Nelli nach Hause kommt, steht Oskars alter – Nellis neuer – grüner Schulranzen schon im Flur. Wie der aussieht! Wenn

Nelli mit dem in der Schule ankommt, will bestimmt kein Kind neben ihr sitzen – wahrscheinlich nicht einmal Matilda oder Pauline! Nelli versetzt dem Ranzen einen Tritt, dass er fast bis zur Küchentür schlittert.

„Was ist denn hier los?", fragt Mama.

„Der ist doof", sagt Nelli mit Tränen in den Augen. „Ich will auch einen neuen rosa Ponyranzen für Mädchen! Mit Oskars ollem grünen geh ich nicht in die Schule!"

Mama geht neben Nelli in die Hocke und legt ihr eine Hand auf die Schulter: „Darüber haben wir doch schon gesprochen, Nelli. Neue Schulranzen sind schrecklich teuer. So viel Geld haben wir im Augenblick leider nicht." Jetzt sieht Mama wieder ganz traurig aus.

Das hat Nelli nicht gewollt.
Sie schnieft:
„Trotzdem sieht der doof aus!"

Mama drückt Nelli. „Ich lasse mir etwas einfallen, damit dein neuer Ranzen nicht mehr aussieht wie Oskars alter!"
„Wie soll das denn gehen?", denkt Nelli. Aber sie nickt, damit Mama nicht mehr so besorgt guckt.
„Wollen wir nachher zusammen deine Schultüte basteln?", fragt Mama.
„Au ja!", sagt Nelli. „Rosa und glitzernd und mit Pferden!"

Mama bastelt die Tüte, und Nelli schneidet aus schillernder Regenbogenfolie Pferde aus. „Meine Pferde sehen doof aus!", sagt Nelli und zerknüllt schon wieder eins.

„Mach doch lieber Fische oder Schmetterlinge", schlägt Mama vor und klebt das glitzernde rosa Geschenkpapier fest. „Die kannst du doch so gut!"

„Echt?", fragt Nelli. Also schneidet sie Fische und Schmetterlinge aus.

Als sie fertig sind, stellt Nelli sich mit ihrer Schultüte vor den großen Spiegel im Flur. „Das ist garantiert die schönste Schultüte von allen!", sagt sie stolz.
„Sowieso!", sagt Mama und gibt Nelli einen Kuss.

Am nächsten Nachmittag klingeln Matilda und Pauline bei Nelli. Sie haben beide ihre neuen Ponyranzen auf. „Wir machen einen Schulranzen-Spaziergang!", sagt Matilda. „Kommst du mit?"
Nelli kriegt erst einen Schreck. Aber dann sagt sie doch: „Okay!"
„Wo ist dein Ranzen?", fragt Pauline, als Nelli runter kommt.
„Den hat sich meine Mama heute zum Einkaufen ausgeliehen!", behauptet Nelli.
„Bestimmt weil er so schön ist, oder?", fragt Matilda.

„Hm", macht Nelli.

„Hast du den gleichen wie wir?", fragt Pauline.

„Nö", sagt Nelli.

„Noch schöner?", fragt Matilda.

„Bestimmt!", sagt Pauline. „Wenn ihre Mama sich den Ranzen sogar leiht!"

„Wer Erster am Spielplatz ist!", sagt Nelli und rennt los, damit die beiden endlich aufhören, über ihre Ranzen zu reden. Als sie wieder zu Hause ist, packt Nelli Oskars ollen Ranzen in den Kruschel-Schrank zum Staubsauger und macht die Tür fest zu.

Am Einschulungstag ist Nelli so aufgeregt, dass sie keinen Bissen herunter bekommt.

Ständig fragt sie: „Wie spät ist es? Müssen wir jetzt nicht gehen?"

Schließlich sagt Mama: „Setz doch einfach schon mal deinen Ranzen auf!"

„Nö. Den brauch ich heute ja noch gar nicht!", sagt Nelli.

„Hol ihn doch mal", sagt Mama.

Nelli seufzt und öffnet widerwillig den Kruschel-Schrank: Da steht ein über und über mit großen, glitzernden Edelsteinen übersäter grüner Ranzen. Und auf einer rosafarbenen Krone

steht mit bunten Perlen sogar Nellis Name.
Mit dem geht Nelli gerne in die Schule!
„Deiner ist der schönste!",
sagt Matilda ein bisschen
neidisch.
„Wir hätten alle drei so
einen Ranzen nehmen
sollen wie du!"
„Ach, eure Ranzen
sind aber auch
ziemlich
hübsch",
sagt
Nelli.

Mitmach-Seite

Finde für jeden Vers das fehlende Reimwort!
Welchen Vers schreibt Pauline ihrer Freundin
Nelli wohl ins Freundschaftsbuch?

Nur wenn dein Ranzen nagel ●●●.

bleiben deine Freunde treu.

Den alten Ranzen lass' zu Haus!

Der sieht doch wirklich schrecklich ●●●.

Auf den Ranzen kommt's nicht an,

ob dich jemand leiden ●●●●.

Wie kommt der grüne Schulranzen ins Haus?

◯ Nelli hat ihn selbst ausgesucht.

◯ Tante Claudi hat ihn für Nelli gekauft.

◯ Tante Claudi hat Oskars alten Ranzen mitgebracht.

Warum bekommt Nelli keinen Ponyranzen?

Warum tut Nelli das?

● Nelli freut sich auf die Schule. Findest du in der Geschichte einen Beweis dafür?

● Warum sieht der Ranzen plötzlich so verändert aus?

● Wie soll deine Schultüte aussehen? Male ein Bild!

● **Spiel: Wer hat das beste Gedächtnis?**

- Ich packe meinen Ranzen mit einem Mäppchen.
- Ich packe meinen Ranzen mit einem Mäppchen und einem Apfel.
- Ich packe meinen Ranzen mit einem Mäppchen, einem Apfel und einem Rechenheft.
- Ich packe meinen Ranzen ...

Reihum werden Sachen in den Ranzen gepackt. Man kann auch zu zweit spielen. Wer kann sich am meisten merken? Packe auch mal lustige Sachen in deinen Ranzen: eine Taucherbrille, einen löchrigen Strumpf, einen Schneemann ...

Zischka, die atem-
beraubende Luftschlange

Zischka ist ganz anders als ihre Brüder und Schwestern.
Ihre Geschwister sprechen nicht viel, sie sind einsilbig und
wortkarg. Zischka hingegen kann einem Löcher in den Bauch
fragen: „Wieso ist der Himmel blau? Was wünschen sich Wale
zum Geburtstag? Warum haben wir Schlangen keinen
Bauchnabel?" Sie ist neugierig und will alles wissen.
Zischkas Geschwister kennen kaum andere Tiere im
Dschungel. Zischka jedoch hat eine Menge Freunde. Alles,
wofür Zischkas Geschwister sich interessieren, ist fressen.

Wenn sie etwas zu fressen haben,
fressen sie viel.
Sehr viel!
Meistens viel zu viel.

So viel, dass sie anschließend tagelang faul in der Sonne
liegen und verdauen. Zischka ist das zu langweilig. Während
ihre Geschwister in der Sonne dösen, schlängelt sie sich die
höchsten Bäume hinauf. Sie übt, von Ast zu Ast zu schwingen
und dabei Saltos zu machen.

„Wie eine von uns!", staunen die Gibbons, die sich ebenfalls mühelos von Ast zu Ast hangeln.

Zischka lernt, sich zu kunstvollen Knoten zu verknäulen und zu rollen wie ein buntes Rad.

„Wahnsinn, so etwas habe ich noch nie gesehen!", schnurrt das Ozelot, das Zischka zusieht.

Zischka kann über die dünnsten Äste auf der Schwanzspitze balancieren und tanzen wie eine Ballerina.

„Wie elegant!", staunt der Tapir, der sich im Schlamm suhlt.

„Wenn doch mehr Leute meine Kunststücke sehen könnten!",
seufzt Zischka.

„Wenn du das willst, dann musst du in die Stadt gehen",
rät die Ratte, die weit herumgekommen ist. „In einer
Stadt wohnen fast so viele Leute, wie Termiten in einem
Termitenhügel."

„Echt?", fragt Zischka. „Na gut, dann gehe ich in die Stadt."

Der Weg in die Stadt ist weit. Aber Zischka hat ja gute
Freunde, die ihr bei der Reise helfen: Erst nimmt das Krokodil
Zischka auf den Rücken und schwimmt mit ihr den Fluss
entlang. Dann trägt der Geier sie bis in die Stadt.

Die Ratte hatte Recht. Hier wimmelt es von Menschen. Aber
die Leute haben es eilig. Keiner bleibt stehen. Niemand will
sich mit Zischka unterhalten. Keiner bemerkt, wenn Zischka
sich zu kunstvollen Knoten verknäult. Niemand klatscht,
wenn Zischka sich an einem Laternenpfahl hinaufschlängelt
und von Laterne zu Laterne schwingt. Keiner sieht zu, wenn
sie elegant wie eine Ballerina auf den Oberleitungen der
Straßenbahn Seiltanz macht.

Abends hat Zischka Sehnsucht nach dem Dschungel. Sie
denkt an ihre Freunde. Und sie hat großen Hunger. Aber in
der Stadt wachsen weder Bananen noch Mangos. Zischka

findet einen Supermarkt. Hier gibt es zwar alles, was das Herz begehrt, doch sie hat ja kein Geld. Geld verdient man mit Arbeit.

Also muss Zischka sich Arbeit suchen. „Haben Sie Arbeit für mich?", fragt Zischka.

Schlangen sind in der Stadt zum Glück überaus gefragt. Zischka arbeitet zuerst eine Weile als Autoschlange, dann als Brillenschlange, und schließlich findet sie eine gute Stelle als Warteschlange. Diese Arbeit macht Zischka Spaß. Aber jetzt hat sie fast keine Zeit mehr für ihre Schlangenakrobatik.

Da kommt eines Tages ein Zirkus in die Stadt. In einem Zirkus war Zischka noch nie. Sie betrachtet das Plakat mit dem Clown. „Das muss ich mir anschauen", denkt sie. Also nimmt sie sich einen Tag Urlaub und kauft sich eine Eintrittskarte.

Sie ist viel zu früh im Zirkus. Das Zelt ist noch ganz leer. Sie setzt sich in die erste Reihe und wartet. Als ihr vom Warten langweilig wird, ringelt sie sich an dem großen Mast in die Zirkuskuppel hinauf und schwingt am Trapez hin und her. „Das macht ja noch mehr Spaß, als mit den Gibbons im Urwald von Baum zu Baum zu schwingen!", denkt Zischka vergnügt.

Zischka macht Saltos. Sie schlägt Purzelbäume in der Luft und rollt als Rad durch die Manege.

Sie dopst wie ein Ball, verknäult sich zu kunstvollen Knoten und tanzt wie eine einbeinige Ballerina auf dem Hochseil unter der Zirkuskuppel – und dabei vergisst sie alles um sich herum.

Zischka merkt nicht, dass der Zirkusdirektor ins Zelt kommt. Sie merkt nicht, dass alle Artisten ihr zuschauen. Sie merkt nicht, wie die Scheinwerfer angehen. Sie hört nicht, dass die Musiker vom Orchester leise zu ihren Kunststücken spielen.

Sie hört nicht die Trommelwirbel, sie merkt nicht einmal, wie sich das Zirkuszelt nach und nach füllt, bis auch der letzte Platz besetzt ist.

Die Zuschauer sind mucksmäuschenstill. Sie halten den Atem an, wenn Zischka sich ohne Netz in schwindelerregender Höhe von Mast zu Mast hangelt. Doch als Zischka sich schließlich wieder nach unten schlängelt, bricht tosender Applaus los.

Zischka wird ganz rot und verlegen. Aber dann verbeugt sie sich nach allen Seiten und lächelt.

Jetzt hat ihr also doch noch jemand zugeschaut!
„Verehrteste Frau Schlange", sagt der Zirkusdirektor, weil er ja Zischkas Namen nicht weiß. „Wollen Sie Zirkusartistin bei uns werden?"
„Nichts möchte ich lieber!", flüstert Zischka glücklich.
Und so kündigt Zischka ihren Job als Warteschlange. Von nun an ist ‚Zischka, die atemberaubende Luftschlange‘ die größte Attraktion im Zirkus. Mit der Papageien-Luftpost schickt Zischka Freikarten und Einladungen an ihre Freunde und Geschwister im Dschungel. Sie kommen alle.
Und so gibt der Zirkus eines Abends eine Dschungel-Sondervorstellung für Zischkas Freunde und Verwandte.
„Zischka, du bist wunderbar!", kreischen die Affen und Geier begeistert.

„Nicht zu glauben!", zischeln die verfressenen Geschwister, als sie Zischka in ihrem glitzernden Kostüm sehen.

**„Seht nur unsere Schwester!
Was die alles kann!",
zischeln sie
und knabbern dabei Popcorn.**

Sie sind alle sehr, sehr stolz auf ihre begabte Schwester und auf ihre berühmte Freundin!

Mitmach-Seite

- Warum zieht Zischka in die Stadt um?

- Wer hilft Zischka bei der langen Reise in die Stadt?

- Warum passt der Name Zischka gut zu einer Schlange?

- Welche Tiere könnten so heißen?
  - **Bell**o
  - **Grunz**ki
  - **Quak**i
  - **Mäh**chen

- Auch diese Tiere hätten gern einen passenden Namen: Kuh, Ziege, Vogel, Pferd

- In welchem Bild der Geschichte kannst du das finden?

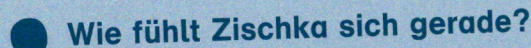
Wie fühlt Zischka sich gerade?

Male eine Schlange mit einem tollen Muster auf ihrer Haut!

Was bedeutet wortkarg?

◯ Jemand redet nicht viel.

◯ Jemand redet nur dummes Zeug.

**Diese Freunde von Zischka kennst du vielleicht noch nicht: Ozelot, Gibbon, Tapir.
Deshalb stellen sie sich jetzt vor.**

● Ich habe einen kleinen Rüssel, mit dem ich sogar greifen kann. Meine Verwandten sind Pferde und Nashörner. Dabei sehe ich fast aus wie ein Schwein. In der Geschichte benehme ich mich auch so.

● Ich bin ein kleiner Menschenaffe mit einem dichten Fell und langen Armen. Die brauche ich, weil ich in den Bäumen wohne und mich gern von Ast zu Ast schwinge.

● Ich habe ein weiches geflecktes Fell und gehöre zur Familie der Katzen. Deshalb kann ich auch wie eine Katze schnurren.

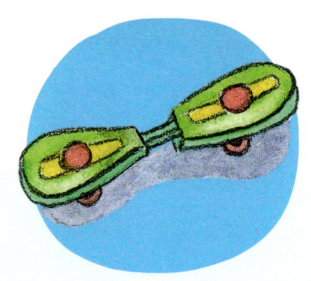

Voll cool, ey!

Rasim und Jakob sitzen auf der Mauer bei den Fahrrad-
ständern und baumeln mit den Beinen. Jakob reicht Rasim
seine Brotdose. Rasim macht auf und guckt rein.

„Lecker,
Leberwurst mit Gurke!",
sagt er.

Jakob macht Rasims Dose auf. „Hm! Camembert mit Ananas",
sagt Jakob. Rasim und Jakob tauschen jeden Tag ihre Pausen-
brote. Rasim findet, dass Jakobs Brote *viel* besser sind, während
Jakob umgekehrt Rasims Brote lieber mag.
„Guck mal da", nuschelt Jakob mit vollem Mund und deutet
auf einen Jungen, der gerade zum Schultor hereinkommt. Er
rollt auf einem Waveboard die leicht abschüssige Auffahrt zum
Pausenhof entlang und dann quer über den Hof. Dort fährt er
im eleganten Slalom durch die Jungen und Mädchen, die hier
Fangen, Gummitwist und Kieselstein-Kicken spielen.
„Ich glaube, das ist ein Geheimagent mit einem geheimen
Auftrag!", sagt Jakob.

„Echt?", fragt Rasim und lässt den Jungen, der so lässig
Waveboard fährt, nicht aus den Augen.

Kurz vor der großen Glastür zur Pausenhalle springt der Junge
ab und tritt mit dem Fuß hinten auf sein Board. Es schnellt
hoch, er packt es und klemmt es sich unter den Arm. Dann
zieht er die Tür auf und geht rein.

„Vielleicht will er Frau Noller entführen", vermutet Jakob.

Rasim lacht. „Dann hätten wir jetzt ja schulfrei!", sagt er.

Mit Jakob ist es nie langweilig. Ihm fallen zu allem immer
die spannendsten Geschichten ein.

Es klingelt. Die Pause ist zu Ende. Frau Noller wurde nicht entführt. Sie sagt: „Schlagt eure Schreibhefte auf. Wir üben heute Bs."

Da geht die Tür auf. Herein kommt der Waveboard-Fahrer. Frau Noller legt ihm von hinten die Hände auf die Schultern. „Das ist Gustav, er geht ab heute in unsere Klasse." Sie sieht sich um. „Setz dich doch erst einmal neben Lena. Da ist noch ein Platz frei", sagt sie zu Gustav.

„Cool!", sagt Gustav und setzt sich.

In der nächsten Pause umringen alle den Neuen.

„Darf ich mal auf deinem Waveboard fahren?"

„Oh ja, ich will auch!"

Der Neue setzt seine Schirmmütze auf und sagt: „Na gut. Wer will, darf mal probieren. Aber leicht ist das nicht!"

Das ist es tatsächlich nicht. Die meisten schaffen es nicht einmal sich darauf zu stellen, ohne umzufallen. Gustav grinst. Jakob schlägt sich das Knie auf beim Probieren. Gustav verdreht die Augen. Rasim schafft es als einziger, sogar ein kleines Stück mit dem wabbeligen Waveboard zu rollen.

„Cool", sagt Gustav. „Du hast es drauf."
Rasim grinst. Er findet den Neuen nett.
„Wollen wir jetzt Brote tauschen?", fragt Jakob und tupft sich mit einem Taschentuch das Blut vom Knie.
Rasim zögert. Doch als Gustav ihm sein Waveboard rüber schiebt, schüttelt er den Kopf.

„Nee, ich fahr erst noch mal", sagt er dann.

An diesem Tag essen Jakob und Rasim zum ersten Mal, seitdem sie zur Schule gehen, das eigene Pausenbrot.

Gleich nach dem Mittagessen klingelt bei Rasim zu Hause das Telefon. Jakob ist dran.

„Kommst du vorbei?", fragt er. „Dann können wir das Hörspiel zu Ende aufnehmen, mit dem wir gestern angefangen haben."

„Ich kann heute nicht", sagt Rasim.

„Wieso nicht?", fragt Jakob. „Du hast doch erst morgen wieder Basketball-Training!"

„Ich kann trotzdem nicht."
Rasim zögert, dann sagt er doch:
„Ich bin nachher
mit Gustav verabredet."

„Oh", sagt Jakob. „Ach so."

„Also tschüss dann", sagt Rasim und legt rasch auf. Er hat Angst, dass Jakob fragt, ob er mitkommen kann. Rasim spielt wirklich gerne mit Jakob. Und eigentlich ist Jakob sogar Rasims bester Freund. Aber manchmal ist es wirklich peinlich, wenn Jakob beim Kicken jeden Ball verschießt oder beim Fangenspielen nie jemanden fängt, weil er so langsam ist.

Der Nachmittag bei Gustav wird schön. Gustav hat außer dem Waveboard auch noch ein Skateboard. Die beiden üben den ganzen Nachmittag. Und als Rasim geht, kann er sogar schon Kurven mit dem Waveboard fahren.

Am nächsten Tag haben sie in den ersten beiden Stunden Sport. Gustav darf eine Mannschaft zusammenstellen, und er wählt als erstes Rasim. Jakob wird ziemlich zum Schluss in die andere Mannschaft gewählt.

Rasim schießt drei Tore für seine Mannschaft.

„Voll cool, Rasim!", ruft Gustav. Gustav schießt auch noch mal zwei Tore, sodass ihre Mannschaft gewinnt.

In der großen Pause gibt Gustav für seine Mannschaft eine Runde Gummibärchen aus. Sie sitzen alle auf dem Rasen. „Wir sollen doch eigentlich keine Süßigkeiten mit in die Schule bringen", sagt Jakob, der mit seiner Brotdose in der Hand neben Rasim steht.

„Du musst ja keine essen", sagt Gustav. „Außerdem gehörst du hier sowieso nicht dazu." Er dreht Jakob den Rücken zu und hält Rasim die Tüte hin.

Jakob schaut Rasim an, aber der senkt den Blick und greift in die Gummibärchentüte. Da dreht Jakob sich um und geht.
„Oh Mann, der Typ ist doch voll uncool, ey!", sagt Gustav so laut, dass Jakob es auch hören muss. Jakob senkt den Kopf.

Rasim mag Gustav. Er ist cool, und alle finden ihn toll. Aber Jakob ist sein Freund, und ihn mag er auch. Und zwar schon lange. Und jetzt geht Jakob ganz alleine weg und sieht so traurig aus … Rasim springt auf.

„Stimmt nicht!", sagt er. „Jakob ist cool! Nur anders cool! Und seine Pausenbrote sind super!"

Er schnappt sich seine Brotdose und ruft: „Hey, Jakob, warte!" Jakob dreht sich um. Als er sieht, dass Rasim ihm nachläuft, wischt er sich mit dem Handrücken über die Augen und grinst.

„Was hast du heute drauf?", fragt er, als Rasim ihn eingeholt hat.

Mitmach-Seite

● Welches Kind ist Gustav? Finde zwei Beweise für deine Meinung!

● Der erste Tag in der neuen Schule! Wie fühlt Gustav sich?

● Warum ist Waveboard fahren so schwierig?

● Wer schafft es, auf Gustavs Waveboard zu fahren?

● Was kann Jakob gut? Was kann Jakob nicht so gut?

● Das hat Jakob sich ausgedacht:
Ein Geheimagent entführt die Lehrerin.
Kannst du die Geschichte weitererzählen?
Diese Fragen können dir dabei helfen:

● Warum wird die Lehrerin entführt?

● Wer rettet die Lehrerin?

● Was tut der Retter?

● Welche Abenteuer muss er bestehen?

● Bist du vielleicht der Held in der Geschichte?

Male ein Bild von diesem aufregenden Abenteuer!

● Denkst du dir gern verrückte Geschichten aus?

● Jakob ist anders cool!
Was meint Rasmin damit?

● Rasmin möchte Gustav überzeugen, dass Jakob sehr nett ist. Was kann er sagen?
Such' dir jemanden, der das Gespräch mit dir spielt.
Was sagst du, wenn du Rasmin bist?
Was würdest du als Gustav sagen?

● In welchem Bild der Geschichte kannst du das finden?

Die wilden
Erdbären kommen!

Es ist Mai. Der Aprilregen hat aufgehört. Die Schmetterlinge
gaukeln von Blüte zu Blüte und die Bienen summen geschäf-
tig. Hugo, der Bär, sitzt faul und träge vor seiner Höhle und
lässt sich die Sonne auf den Pelz brennen.
Da kommt ganz aufgeregt Willi, der Waschbär, angesprungen.

„Hugo! Hugo! Komm schnell mit!",
ruft Willi.
„Hast du noch nichts
von den wilden Erdbären gehört?"

„Hm? Was ist los?", brummt Hugo und blinzelt verschlafen.
Aber Willi hört ihn schon nicht mehr. Er ist längst über alle
Berge, ehe Hugo sich aufgerappelt hat.
Hugo schüttelt seinen zottigen Kopf. Gerade will er sich
wieder hinlegen, als Wilma, das Wildschwein, mit ihren sieben
Kindern angerannt kommt.
„Onkel Hugo!", quieken die sieben Frischlinge und laufen auf
den Bären zu.

„Schön, dass ihr mich mal wieder besucht", brummt Hugo und kitzelt das kleinste Ferkel am Bauch. Es kichert und die anderen Ferkel stupsen den Bären, damit er sie auch kitzelt.

„Keine Zeit! Weiter, weiter!", grunzt Wilma. „Jetzt wird nicht gespielt!"

Sie treibt ihre Kinder an. „Hugo, komm mit! … Die wilden Erdbären …", keucht sie ganz außer Atem vom schnellen Laufen.

„Was denn für Bären?", fragt Hugo.

Aber Wilma ist längst weitergelaufen und hört Hugo nicht mehr. Kaum ist sie mit ihren gestreiften Ferkeln im Unterholz verschwunden, kommt Nora, das zarte Reh, mit ihren fünf eleganten Schwestern angesprungen. Nora blinzelt Hugo mit ihren großen Augen an und haucht ohne stehen zu bleiben: „Oh, Hugo … diese wilden …" Den Rest versteht Hugo nicht, weil Nora immer so leise spricht. Dann sind auch die Rehe zwischen den Bäumen verschwunden.

„Wieso haben es alle auf einmal so furchtbar eilig?", denkt Hugo. „Und was sind das bloß für Bären, vor denen sie alle davonlaufen?" Hugo überlegt: Er kennt Braunbären, Schwarzbären, Grizzlybären, Kodiakbären, Eisbären, Kragenbären, Ameisenbären, Seebären, Brillenbären, Pandabären und Malaienbären … und mit Willi, dem Waschbären, ist Hugo gut befreundet. Aber hier im Wald gibt es außer ihnen beiden weit und breit keine anderen Bären.

Hugo selbst ist ein großer, starker, zottiger Bär.

Er hat keine Angst.
Nie.
Nicht vor dem Wolf.
Nicht vor dem Winter.
Nicht einmal vor Bienen.

Aber jetzt wird ihm doch mulmig zumute. „Ob diese wilden Bären wohl größer sind als ich?", überlegt er. „Bestimmt sind sie furchtbar gefährlich, wenn sogar Wilma vor ihnen weg- läuft!" Hugo denkt nach. Wenn diese Bären gerade erst aus ihrem Winterschlaf aufgewacht sind …

… dann sind sie bestimmt schrecklich hungrig … Sicherlich sind sie zum Jagen in seinen Wald gekommen …

Wahrscheinlich wollen sie Willi, Nora, Wilma und die sieben süßen Frischlinge fressen … Deshalb sind seine Freunde auch alle so schnell weggelaufen! Hugos mulmiges Gefühl verwandelt sich in Wut.

„So weit kommt's!", brüllt er und schlägt mit der Tatze so fest gegen den Baum, dass die Maikäfer von den Zweigen fallen. „Meine Freunde werden nicht gefressen", brüllt er. „Von gar niemandem! Und von schlecht gelaunten, fremden Bären gleich dreimal nicht!"

Er ist jetzt sehr wütend auf diese fremden Bären, die so mir-nichts-dir-nichts in seinen Wald kommen und dann obendrein noch seine besten Freunde fressen wollen. „Denen werde ich zeigen, wer hier wen frisst!", knurrt Hugo drohend. Er springt auf und rennt los in die Richtung, in die Willi, Nora, ihre Schwestern und Wilma mit den Frischlingen verschwunden sind. Mit jedem Schritt wächst seine Wut auf diese verfressenen, gemeinen, fremden Bären.

Hugo rennt über Stock und Stein.
Er bricht krachend durchs Gebüsch.
Er springt über Bäche
und schwimmt durch einen See.

Er bleibt nicht stehen, wenn Dornenranken sich in seinem Fell verfangen und weicht nicht aus, wenn Brennnesseln und Disteln in seinem Weg wachsen. Schließlich sieht Hugo seine Freunde auf einer Lichtung. „Willi! Wilma! Nora!", ruft Hugo. „Bin ich froh, dass ich euch endlich gefunden habe!" Aber niemand antwortet ihm.

Nora klimpert nicht
mit den Augen.
Die Ferkel laufen
ihm nicht entgegen.

Und Willi winkt ihm nicht zu. Hugos Freunde liegen alle reg-
los im Gras. Als Hugo näher kommt, sieht er, dass ihr Fell ganz
rot ist. Dicke Tränen steigen Hugo in die Augen. „Oh nein!",
flüstert er entsetzt. „Ich komme zu spät! Die Bären waren
schneller!"

Er wirft sich zu Boden und
rauft sich verzweifelt das Fell!
„Ach, wäre ich doch nur
früher losgelaufen!", ruft er.

Er ist so traurig, dass er nicht den Kopf hebt, als ihn jemand anstupst. Er schaut auch nicht hoch, als ihn jemand am Fell zupft. Erst als eine Stimme hinter ihm haucht: „Nicht weinen Hugo!", hebt er den Kopf. Da stehen sie alle vor ihm. Nora und ihre Schwestern, Wilma und die sieben Frischlinge und Willi, der Waschbär.

„Ihr lebt ja!", ruft Hugo und küsst Willi, der ihm am nächsten steht.

„Was ist denn mit dir los?", fragt Willi und wischt sich Hugos Kuss von der Wange.

„Hm … dein Blut schmeckt ja so süß …", sagt Hugo und schleckt seinem Freund noch einmal übers Maul.

„Igitt!", sagt Willi und wischt sich Hugos Schlabberkuss ab.

„Was denn für Blut? Du hast wohl zu lange in der Sonne gelegen! Das ist Erdbeersaft."

„Erdbeersaft?", wiederholt Hugo.

„Du musst nicht traurig sein, Onkel Hugo", sagt eines der kleinen Ferkel. „Es sind noch genug für dich da! Auch wenn du ziemlich spät kommst!"

„Wir haben dir sogar schon ein Körbchen voll gepflückt", sagt Nora.

„Das wollten wir dir nachher vorbeibringen", erklärt Wilma.

„Aber jetzt muss ich mich erst noch ein bisschen ausruhen. Wir haben nämlich alle so viel gefuttert, dass wir uns kaum noch rühren können!" Wilma lässt sich wieder ins Gras fallen und leckt sich den Erdbeersaft vom Fell.

Hugo lässt sich neben sie plumpsen und fängt an zu lachen.

„Ich dachte, die wilden Erdbären wollten euch fressen", sagt er. „Dabei habt ihr die wilden Erdbeeren gefuttert!"

„Probier doch mal, wie süß die sind!", haucht Nora und steckt Hugo eine große, rote Erdbeere ins Maul.

„Lecker!", brummt Hugo. „Die schmeckt nach mehr!"

Und nach zehn Minuten ist auch Hugos Fell ganz rot vom Erdbeersaft!

Mitmach-Seite

Was ist hier passiert?

Willi ist längst über alle Berge.
Was bedeutet das?

⚪ Er ist ein sehr guter Bergsteiger.
⚪ Er ist schon weit weg.

● Was sagt Hugo?
Was sagt Willi?
Kannst du das Gespräch
mit jemandem nachspielen?

Warum glaubt Hugo, dass Erdbeeren gefährlich sein könnten?

Welche Stelle gefällt dir in der Geschichte am besten?

Hast du auch schon mal vor etwas Angst gehabt, was eigentlich gar nicht gefährlich ist?

Erdbeeren im Winterschlaf
- Erdbeeren waschen und in Stücke schneiden,
- in eine Schüssel legen,
- mit Joghurt zudecken, Kokosraspeln darüber streuen.
- Nicht umrühren, sonst werden die Erdbeeren wieder wach!

Was denkt Hugo in diesem Moment?

○ Die anderen haben mir alles weggegessen!

○ Jemand will meinen Freunden etwas tun!

Findest du die Reimwörter?

Die Freunde sind jetzt alle satt,
weil jeder genug gefuttert ● ● ●.
Auch Hugo wurde nicht vergessen.
So kann er selbst noch Beeren ● ● ● ● ●.
Wilde Erdbeeren schmecken fein.
Die können nicht gefährlich ● ● ● ●.

Stella und
die Baumhausbande

Sie treffen sich fast jeden Nachmittag. Heimlich.
Aber Stella weiß trotzdem Bescheid.
Sie weiß, dass sie sich *Baumhausbande* nennen. Sie weiß, dass
ihr Bandenzeichen eine rote Wäscheklammer ist, die sie an
den Bremsschlauch ihrer Fahrräder klemmen. Und sie weiß,
wer dazugehört: Leo, Lilly, Mika, Ronni und Sefar. Das sind
alle Kinder aus der Straße, in der Stella wohnt, bis auf die
kleinen, die noch in den Kindergarten gehen.

Stella malt mit Straßenkreide. Trotzdem ist ihr langweilig.
Mit wem soll sie denn nun spielen, wenn die fünf jetzt
immer ohne sie in ihrem Baumhaus zusammenglucken?
Auf einmal klingelt es hinter ihr. Erschrocken schaut Stella
hoch und springt zur Seite. Es ist Frau Jäger, auf ihrem
Fahrrad.
„Mach Platz da!", ruft sie. Obwohl weder auf der Straße noch
auf dem Bürgersteig jemand ist, muss sie natürlich mitten
durch Stellas Bild fahren!
„Kannst du nicht woanders spielen?", keift die alte Frau. „Das
ist der Fahrradweg!"
Stella schluckt und weiß nicht, was sie sagen soll.

Zum Glück ruft Mama in diesem Moment: „Stella, hilfst du mir beim Autowaschen?"
Stella läuft schnell zur Auffahrt. Dort füllt Mama schon zwei Eimer mit Wasser.

„Frau Jäger ist voll gemein!", beschwert sich Stella.

„Zu mir ist sie auch nie besonders freundlich", antwortet Mama.
„Herr Hieke ist da ganz anders", sagt Stella. „Der hat Mika neulich sogar Salat für seine Meerschweinchen geschenkt."

Mama zuckt mit den Schultern. „Manche sind halt netter als
andere!", sagt sie und schnippt Stella Schaum auf die Nase.
„Und ich bin sowieso die netteste von allen!"

**Erst fliegt nur Schaum,
dann nasse Schwämme.
Stella kichert.
Mama lacht.**

Und schließlich sind sie alle beide ebenso nass und sauber wie
das Auto. Leider muss Mama dann noch etwas arbeiten und
Stella langweilt sich wieder. Aus dem Garten nebenan hört sie,

wie die fünf oben in ihrem Baumhaus lachen. Da nimmt sie all ihren Mut zusammen und klettert erst über das Gartentor und dann die Strickleiter nach oben ins Baumhaus.

„Vorsicht! Zickenalarm!", brüllt Mika, als sie den Kopf ins Baumhaus steckt. Die anderen drehen sich um und alle starren sie an. Stella atmet tief durch und klettert ganz nach oben.

„Hier dürfen nur Mitglieder rein!", sagt Lilly.

„Ich will auch dazugehören", sagt Stella trotzig und bleibt stehen.

Leo, Lilly, Mika, Ronni und Sefar schauen sich an. Leo zuckt mit den Schultern.

„Von mir aus!", sagt Mika.

Ronni und Sefar nicken. „Na gut", sagen sie. Stella lächelt erleichtert.

„Dann muss sie aber eine Mutprobe bestehen!", verlangt Lilly.

„Genau!", schreit Sefar. „Sie soll einen Regenwurm essen!"

„Au ja!", brüllen Ronni und Leo.

„Der arme Wurm!", sagt Lilly. „Sie soll lieber etwas machen, was man sich nicht so einfach traut."

„Traust du dich etwa, so einfach einen Wurm zu essen?", fragt Sefar.

„Wenn du es vormachst, immer!", antwortet Lilly und alle glauben ihr aufs Wort.

„Sie könnte heimlich einen Korb voller Kirschen im Garten von Herrn Hieke für uns pflücken", schlägt Leo vor und leckt sich die Lippen.

„Die schenkt Herr Hieke uns sowieso, wenn wir ihn fragen", sagt Mika. „Dafür braucht man keinen besonderen Mut. Herr Hieke ist nämlich nett."

„Frau Jäger nicht!", sagt Ronni.

Alle anderen nicken. Vor der grummeligen Frau Jäger auf ihrem Fahrrad haben alle Kinder in der Straße ein bisschen Angst.

„Stella soll bei Frau Jäger klingeln und fragen, wie spät es ist", schlägt Lilly vor.

„Okay, mach ich!", sagt Stella.

„Nee, das ist viel zu leicht!", sagt Leo. „Lass ihr die Luft aus dem Rad, Stella. Dann gehörst du zu unserer Bande!"

Alle anderen von der Baumhausbande überlegen kurz und nicken dann. Stella schluckt. Wenn Frau Jäger sie dabei erwischt, hat ihr letztes Stündlein geschlagen. Aber wenn sie es nicht tut, langweilt sie sich diesen Sommer garantiert zu Tode.

Sie gibt sich einen Ruck. „Okay, mach ich!", sagt sie.

„Gleich!", verlangt Lilly.

Also klettern sie alle herunter und begleiten Stella. Lilly, Sefar, Ronni, Mika und Leo ducken sich hinter die Hecke und Stella schleicht sich in den Hof. Das Herz klopft ihr bis zum Hals. Das schwarze Fahrrad lehnt hinter den Mülltonnen an der Hauswand. Stella läuft geduckt hinüber und dreht die rote Ventilkappe des Vorderreifens ab. Dann schraubt sie das Ventil auf, und die Luft entweicht zischend.

Auf einmal geht die Haustür auf, und Frau Jäger kommt mit einer Schüssel voller Bioabfall aus dem Haus.

Stella schraubt das Ventil schnell wieder zu und schaut sich um. Weg kann sie nicht.

Wohin nur? Es bleiben nur die Mülltonnen. Stella duckt sich hinter die größte und macht die Augen zu. Die schlurfenden Schritte kommen näher und immer näher. Auf einmal ist noch ein anderes Geräusch zu hören: Das Telefon klingelt im Haus. Die Schritte verstummen. Dann entfernen sie sich. Schließlich fällt die Haustür ins Schloss. Stella bleibt, wo sie ist.

„Stella! Stella! Los, komm! Stella! Schnell!"

Stella lugt hinter ihrer Tonne hervor und sieht, dass Lilly, Sefar, Ronni, Mika und Leo von der Straße her wild winken. Ohne sich noch einmal umzuschauen, springt Stella auf und rennt los. Sie stolpert. Scheppernd fällt die Schüssel mit den Bioabfällen um. Stella fällt hin und schlägt sich das Knie auf. Aber sie beißt die Zähne zusammen, rappelt sich auf und rennt weiter zur Straße. Dann ducken die sechs von der Baumhausbande sich wieder hinter die Buchsbaumhecke. Gerade rechtzeitig. Die Haustür geht auf, und Frau Jäger kommt wieder. Als sie sieht, dass die Schüssel umgefallen ist, schimpft sie: „Diese räudigen Katzenviecher!" und sammelt alles wieder auf.

Den Rest des Nachmittages verbringen die sechs von der Baumhausbande in Herrn Hiekes Kirschbaum. Als Stella nach Hause kommt, erzählt ihre Mama: „Frau Jäger ist vorhin mit dem Fahrrad gestürzt und hat sich den Knöchel verstaucht."

Stella bekommt einen Schreck. „Wie ist das denn passiert?", fragt sie.

„Keine Ahnung. Herr Hieke sagt, ihr Fahrrad wäre ohnehin nicht verkehrssicher. Sie hatte auch viel zu wenig Luft in den Reifen", erzählt Mama.

„Oh!", sagt Stella. Das hat sie nicht gewollt. Sie tastet nach der kleinen, roten Ventilkappe in ihrer Hosentasche. Mama packt eine Flasche Saft, etwas Obst und die Medikamente, die sie für Frau Jäger aus der Apotheke abgeholt hat, in einen Korb. Stella holt tief Luft.

„Soll ich das rüberbringen?", fragt sie.

Mama sieht sie überrascht an. „Wenn du willst … Hier, nimm den Schlüssel, dann muss sie nicht aufstehen, um die Tür zu öffnen." Stellas Herz klopft noch heftiger als heute Mittag. Frau Jäger sitzt in einem Sessel am Fenster. Das Bein hat sie hochgelegt, und am Tisch lehnen zwei Krücken.

„Ich bringe Obst und Saft", sagt Stella mit piepsiger Stimme.

„Stell's auf den Tisch", sagt Frau Jäger. Stella stellt den Korb auf den Tisch und will gleich wieder gehen.

„Willst du dich nicht einen Augenblick setzen?", fragt Frau
Jäger. Stella bleibt unschlüssig stehen.

„Tut mir leid, dass ich durch dein Bild gefahren bin", sagt die
alte Frau. „Aber ich fahre nicht so gut Rad – wie man sieht.
Ich konnte nicht ausweichen."

„Macht nichts", sagt Stella. Eine Weile sagt keiner etwas.

„Ich könnte Ihnen morgen etwas vorlesen, wenn Sie wollen",
sagt Stella schließlich.

„Darüber würde ich mich sehr freuen!", sagt Frau Jäger und
lächelt. Stella lächelt zurück. Wenn sie lächelt, sieht Frau Jäger
fast so nett aus wie Herr Hieke.

Beim Rausgehen wirft Stella die kleine, rote Kappe in die
Mülltonne und überlegt, aus welchem Buch sie Frau Jäger
morgen vorlesen soll.

Mitmach-Seite

Woran erkennt man die Mitglieder der Baumhausbande?

Kirschen pflücken bei Herrn Hieke – warum ist das keine richtige Mutprobe?

Wenn man nicht mitspielen darf, könnte man

- beleidigt in einer Ecke sitzen.
- mit den anderen Kindern über das Problem reden.
- sich prügeln.
- Mama um Hilfe bitten.

  Was tut Stella?
  Was hättest du getan?

Was hat Stella vor? Was passiert hier gleich?

Der Bioabfall liegt auf dem Boden – wen verdächtigt Frau Jäger?

● Um ein Haar erwischt! Was rettet Stella im letzten Augenblick?

● Wie kam es zu Frau Jägers Unfall?

● Will Stella Frau Jäger noch einmal besuchen? Findest du einen Beweis für deine Meinung?

● Wird Stella Frau Jäger irgendwann erzählen, wie es zu dem Unfall kam?

● Was denkt Stella am Schluss der Geschichte?

○ In manchen Menschen täuscht man sich. Frau Jäger ist nicht fürchterlich.

○ Frau Jäger ist ein Kinderschreck. Ich wünschte mir, sie wäre weg.

● Male ein Bild zu der Geschichte! Vielleicht mit Straßenkreide so wie Stella! Aber bitte nur auf dem Bürgersteig!

● Wie kann Stella die Sache wieder- gutmachen?

● Was sagt Frau Jäger gerade?

Rosa Rosmarin
und der Kaninchenzauber

Rosa Rosmarin ist eine Kräuterhexe, die nichts lieber tut, als im Garten zu arbeiten.

„Wieso machst du es eigentlich nicht wie die anderen Kräuterhexen?", fragt ihr dicker Kater Waldemar. „Sag einfach: *,Petersilie, Akelei, schon ist mein Garten unkrautfrei!'* Dann kannst du dich neben mich in die Sonne legen!"

„Will ich ja gar nicht", antwortet Rosa Rosmarin und füllt ihre Gießkanne. „Ich zupfe gerne Unkraut."

Waldemar schüttelt ungläubig den Kopf. „Sag doch einfach: *,Bäume, Kräuter, Blumen, Gras – regnet sofort alles nass.'* Dann kannst du den Gießkannen beim Gießen zuschauen!", schlägt der Kater vor.

„Waldemar!", stöhnt Rosa Rosmarin. „Ich weiß, wie man zaubert. Ich kenne die Zaubersprüche: Aber – ich – will – nicht!"

Waldemar rollt sich beleidigt zusammen. „Glaub ich nicht!", knurrt er.

„Wenn du richtig *gut* zaubern könntest, würdest du das tun! Alle anderen Hexenkater lachen schon über mich, weil du nie zauberst! Eine Kräuterhexe, die nicht zaubert, ist allenfalls eine gute Gärtnerin, aber keine Hexe!"

Rosa Rosmarin grinst. „Ach, lass sie doch reden!", sagt sie. Dann nimmt sie ihre Hacke und singt fröhlich: „Im Juli die Hexe die Gießkanne schwingt …  – ich freu mich jetzt schon auf deine süßen, roten Kirschen!", sagt sie zum Kirschbaum.

Sofort strengt sich der Kirschbaum gleich noch mehr an. Bei keiner anderen Kräuterhexe wachsen, blühen und gedeihen die Pflanzen so prächtig wie bei Rosa Rosmarin. Ganz besonders stolz ist Rosa Rosmarin auf ihren Gemüsegarten.

Ihre Tomaten sind so rund und rot wie die Abendsonne. Ihre
Kohlrabi sind so zart wie Vanilleeis und so groß wie kleine
Kürbisse. Allerdings hat Rosa Rosmarin in diesem Jahr noch
gar nichts geerntet. Denn Nacht für Nacht macht sich jemand
über ihren Salat her, buddelt Karotten aus und futtert ihre
dicksten Kohlrabi.

„Wenn das so weitergeht", jammert Rosa Rosmarin, „dann
werde ich in diesem Jahr nichts, aber auch gar nichts aus
meinem Gemüsegarten ernten! Heute Nacht lege ich mich
auf die Lauer und erwische den Dieb!" Rosa Rosmarin und
Waldemar setzen sich ans Küchenfenster und warten.

Eine Igelfamilie macht einen Nachtspaziergang. Aber sonst passiert nichts. Dann schlägt es Mitternacht.

Waldemar ist längst eingeschlafen, da sieht Rosa Rosmarin
einen Schatten zwischen den Kohlrabiblättern. Sie hört ein
leises Knurpseln.

„Hey", ruft Rosa Rosmarin und läuft hinaus. Wie der Blitz saust der schwarze Schatten weg. Waldemar zuckt zusammen und wacht auf.

„Hast du den Dieb?", fragt er.

„Nein", antwortet Rosa Rosmarin, „aber ich weiß, wer es ist: ein Kaninchen!"

„Ach", sagt Waldemar. „Wahrscheinlich weiß das Kaninchen gar nicht, dass es deine Kohlrabi nicht fressen soll."

„Glaubst du?", fragt Rosa Rosmarin. Sie malt ein Schild, auf dem steht:

KOHLRABI FRESSEN FÜR KANINCHEN STRENG VERBOTEN!

Doch am nächsten Morgen sind wieder alle Kohlrabi aufgefuttert.

„Als Gärtnerin bist du echt gut", sagt Waldemar, „aber im Kaninchen-Vertreiben bist du eine Niete! Wahrscheinlich kann dieses Kaninchen gar nicht lesen!"

„Du kannst immer bloß meckern!", schimpft Rosa Rosmarin. „Du bist doch ein Kater! Fang du das Kaninchen doch!"

„Pah! Nichts leichter als das!", behauptet Waldemar und legt sich auf die Lauer.

Als das Kaninchen wieder im Gemüsegarten knurpselt, schießt Waldemar wie ein Blitz aus seinem Versteck.

Aber das Kaninchen ist schneller. Der dicke Waldemar rennt,
bis er völlig aus der Puste ist. Das Kaninchen schlägt ein paar
lässige Haken, dann ist es weg.

Als Rosa Rosmarin morgens in den Garten kommt, liegt
Waldemar völlig erschöpft auf der Veranda – und im Gemüsegarten fehlen wieder die dicksten Kohlrabi.

„Gute Ratschläge kannst du geben", sagt die Hexe, „aber
Kaninchen fangen nicht!"

„Lass mich schlafen!", stöhnt Waldemar. „Dieses Kaninchen ist schneller als der Blitz!"

„Aha", sagt Rosa Rosmarin. „Na, dann muss ich wohl doch
zaubern."

Waldemar setzt sich mit einem Ruck auf: „*Du* willst zaubern?"

Rosa Rosmarin nickt und kramt ihr dickes Zauberbuch
hervor.

Waldemar muss husten, so viel Staub liegt darauf.

„Ich glaube, da hilft nur ein Kreator-Zauber", sagt Rosa
Rosmarin.

Waldemar wird blass. „Ein Kreator-Zauber?", krächzt er
entsetzt. Für diese Zauber braucht man die allerseltensten
Zutaten. Und wer einen Fehler macht, verliert für immer
alle Hexenkräfte.

„Lass das Kaninchen doch fressen",
sagt Waldemar.
„Wir kaufen unser Gemüse
einfach auf dem Wochenmarkt!"

„Niemals!", sagt Rosa Rosmarin entschlossen. „Ich pflanze
und gieße und jäte – da will ich auch etwas ernten!"
Sie wälzt dicke Hexenbücher und schreibt eine lange Zutaten-
liste. Dann geht es los: Sie melkt bei Sonnenaufgang Steinläuse.
Sie fängt Werwolf-Flöhe um Mitternacht. Sie sammelt
Sternenstaub und Vollmondduft. Sie besorgt sich Drachenschuppen und das goldene Haar eines Baumriesen.
Dann hat Rosa Rosmarin endlich alles, was sie braucht. Sie
schließt sich in ihrer Hexenküche ein und braut und mixt und
zaubert. Waldemar sitzt vor der Tür und wagt kaum zu atmen.
Schließlich geht die Tür auf.

„Bitte sehr", sagt Rosa Rosmarin und hält ihrem Kater ein kleines Kistchen unter die Nase. „Darin befindet sich der einzigartige Rosa-Rosmarin-Kaninchenzauber!"

Waldemar beäugte das Kistchen misstrauisch. „Und, bist du sicher, dass er funktioniert?", flüstert er.

Rosa Rosmarin zuckt mit den Schultern. „Das werden wir sehen!", sagt sie und verteilt ihren Kaninchenzauber in einer Ecke des Gemüsegartens. Dabei murmelt sie einen so langen und komplizierten Zauberspruch, dass Waldemar sich nicht einmal den Anfang merken kann.

Dann setzen sich Rosa Rosmarin und Waldemar ans Küchenfenster hinter die Gardine und warten. Eine Eule fliegt lautlos um den Apfelbaum, und der Mond verschwindet hinter einer Wolke. Als er wieder hervorkommt, hoppelt das Kaninchen auf das Kohlrabibeet zu. Auf einmal stutzt es. Was riecht denn so verlockend auf der anderen Seite des Gartens?

Das Kaninchen ändert die Richtung und probiert.

Waldemar wartet gespannt, was wohl mit dem Kaninchen passiert:

Wird es sich
in einen Regenwurm verwandeln?
Oder wird es
in einer rosa Wolke verpuffen?

Das Kaninchen frisst und frisst. – Aber nichts passiert. Schließlich hoppelt es davon und ist verschwunden.

„Es hat nicht geklappt!", krächzt Waldemar. „Jetzt bist du deine Hexenkräfte los! Oh weh, oh weh! Und was wird nun aus mir?"

„Ich bin keine Hexe mehr? Wer sagt denn so was?", fragt
Rosa Rosmarin und schwenkt ihren Zauberstab: „Hokuspokus
Regenwurm, Waldemar sitzt auf 'nem Turm!"
Ehe er sich versieht, sitzt Waldemar ganz oben auf dem
Brennholzstapel.

„Wie zauberhaft!",
ruft Waldemar entzückt.
„Du kannst doch noch zaubern!
Jetzt hexe mich wieder runter!"

Rosa Rosmarin grinst. „Du kannst doch klettern!", meint sie.
Als der Kater wieder neben Rosa Rosmarin sitzt, fragt er:
„Dann hat der Kaninchenzauber also doch gewirkt?"

„Aber klar doch", sagt Rosa Rosmarin und steckt sich eine Himbeere in den Mund. „Mit dem Kaninchenzauber habe ich eine neue Pflanze erfunden", erklärt sie. „An der kann kein Kaninchen vorbeihoppeln. Es ist die perfekte und für Kaninchen absolut unwiderstehliche Mischung aus Kohlrabi, Möhren, Löwenzahn und …"

„Aha!", unterbricht Waldemar seine Hexe, „die drei Lieblingsspeisen von Kaninchen!" Er überlegt einen Augenblick. „Gibt es auch einen Hexenkater-Zauber?", fragt er dann.

Rosa Rosmarin lacht. „Ich werde mal darüber nachdenken", verspricht sie.

„Es müssen auf jeden Fall Fisch, Mäuse und Vanilleeis drin sein", bittet Waldemar. „Also echt, Rosa Rosmarin: Du bist wahrhaftig nicht nur eine fantastische Gärtnerin, sondern auch die beste Kräuterhexe der Welt!", schnurrt er.

„Siehst du das jetzt endlich ein!", sagt Rosa Rosmarin zufrieden.

Seitdem kommt das Kaninchen zwar immer noch jede Nacht, aber nur, um vom Kaninchenzauber zu fressen. Und Rosa Rosmarin kann ihre dicken, vanilleeiszarten Kohlrabi endlich selbst essen.

Mitmach-Seite

- Warum konnte Rosa in diesem Jahr noch gar nichts ernten?

- Warum liegt so viel Staub auf dem Zauberbuch?

- Wenn du selber eine Hexe oder ein Zauberer wärst …

- Warum erledigt Rosa die Gartenarbeit nicht lieber durch hexen?

- Was passiert zuerst? Was passiert dann? Ordne die Bilder!

Was ist so gefährlich am Kreator-Zauber?

Welchen Zauberspruch hat Rosa wohl verwendet?

- Sternenstaub und Vollmondduft,
Drachenschuppen aus der Luft,
Werwolf-Floh und Laus aus Stein,
Kaninchen kommen hier nicht rein.

- Drachenschuppen, Vollmondduft,
Sternenstaub liegt in der Luft,
Gold'ne Haare nicht vergessen!
Komm, Kaninchen, komm zum Essen!

Wieso sitzt der Kater dort auf dem Stapel? Wie kommt er wieder herunter?

Dieser Salat schmeckt nicht nur Kaninchen:

- Möhren und Kohlrabi raspeln,
- mit Zitronensaft, etwas Öl und einer Prise Salz abschmecken,
- junge Löwenzahnblätter kleinhacken und unterheben,
- mit ein paar Gänseblümchenblüten bestreuen.

Wer schreibt und malt denn da?

Annette Neubauer

hat schon als Kind lieber spannende Fälle gelöst als mit Puppen zu spielen. Nach ihrem Abitur studierte sie Geschichte, Germanistik und Russisch. 2000 machte sie sich mit einer pädagogischen Fachpraxis selbstständig und begann auch ihre Tätigkeit als Schriftstellerin. Seitdem schreibt sie für viele Kinderbuchverlage und hat zahlreiche Bücher veröffentlicht.

Claudia Ondracek

wollte nach ihrem Geschichtsstudium eigentlich erst im Museum arbeiten, landete dann aber in einem Kinderbuchverlag. Da sie sich zwischen all den frechen Hexen, wilden Seeräubern und tanzenden Feen so richtig zu Hause fühlte, fing sie selbst an, Geschichten zu schreiben. Die fallen ihr in ihrem Arbeitszimmer über den Dächern von Berlin ein oder wenn sie mit ihren beiden Söhnen herumtobt.

Sabine Rahn

schreibt und übersetzt Bücher. Tagsüber sitzt sie an ihrem Computer und arbeitet – aber ihre Abende verbringt sie am liebsten lesend auf der Couch. Im Sommer schwimmt sie gerne jeden Tag oder saust auf Inlineskates über flache Feldwege. Im Winter geht sie Rodeln und Eislaufen. Sabine Rahn reist gerne und lebt in Einhausen. Seit 1996 arbeitet sie freiberuflich als Autorin für verschiedene Verlage.

Frauke Nahrgang

ist Grundschullehrerin und hat eine Vielzahl an Kinderbüchern in diversen Verlagen veröffentlicht. Sie hat eine erwachsene Tochter und einen erwachsenen Sohn und lebt schon immer in Stadtallendorf in Hessen. Das Wichtigste: Frauke Nahrgang ist Fußball-Fan mit Leib und Seele und hat eine Dauerkarte im Frankfurter Stadion: dort, wo die heißblütigsten Fans stehen!

Angela Fischer-Bick

studierte an der Hochschule für Gestaltung Offenbach a. M. und schloss ihr Diplom im Fach Buchgestaltung und Illustration ab. Seit 1996 liegt ihr Schwerpunkt auf der Illustration von Kinderbüchern, speziell für das Vor- und Grundschulalter. Nach einem 6-jährigen Aufenthalt in Italien lebt Angela Fischer-Bick mit ihrer Familie in Bremen.

Pia Eisenbarth

ist in Zweibrücken geboren und lebt heute in Schwabenheim bei Mainz. Ihr Kommunikations-Design-Studium an der Fachhochschule Wiesbaden schloss sie als Diplom-Designerin ab. Heute ist sie für viele Kinderbuch-Verlage im In- und Ausland tätig, hat zahlreiche Bilder-, Erstlese-, Schul- und Sachbücher veröffentlicht und arbeitet zeitweise als Dozentin.

Stefanie Klaßen

wurde in Cloppenburg geboren und hat schon als Kind viel gemalt. Sie arbeitete aber erst als Goldschmiedin und entschloss sich danach, Illustration an der Fachhochschule für Design in Münster zu studieren. 2009 machte sie ihren Abschluss. Seitdem lebt und arbeitet sie als freiberufliche Illustratorin in Münster. Ihr größter Wunsch ist es, irgendwann mal einen Hund zu haben!

Die kleinen Lerndrachen
Fit für den Schulstart – Gute Noten von Anfang an!

Fit für den Schulstart
Zahlen und Mengen,
Farben und Formen,
Konzentration
ISBN 978-3-12-929245-7
9,95 €

Fit für den Schulstart
Erstes Lesen,
Erstes Schreiben,
Konzentration
ISBN 978-3-12-929244-0
9,95 €

Fit für den Schulstart
Erstes Lesen
ISBN 978-3-12-949028-0
5,99 €

Fit für den Schulstart
Erstes Schreiben
ISBN 978-3-12-949029-7
5,99 €

Fit für den Schulstart
Erstes Rechnen
ISBN 978-3-12-949030-3
5,99 €

Fit für den Schulstart
Konzentration
ISBN 978-3-12-949031-0
5,99 €

Viele weitere Titel sind im Buchhandel erhältlich.

www.klett.de/lernhilfen

Lesen lernen mit dem Schulbuchprofi ...

... und den kleinen Lerndrachen
mit Sachwissen-Poster von GEOlino

1. Klasse für Leseanfänger:

2. Klasse für Erstleser:

- kurze, gegliederte Zeilen
- extra große Fibelschrift
- hoher Bildanteil
- mit Sachwissen-Poster

- längere Zeilen
- große Fibelschrift
- viele Bilder
- mit Sachwissen-Poster

... und Bibi Blocksberg
mit Hexen-Quiz

1. Klasse für Leseanfänger:

2. Klasse für Erstleser:

- kurze, gegliederte Zeilen
- hoher Bildanteil
- extra große Fibelschrift
- mit Hexen-Quiz

- längere Zeilen
- viele Bilder
- große Fibelschrift
- mit Hexen-Quiz

Viele weitere Titel sind im Buchhandel erhältlich.

www.klett.de/lernhilfen